Wiersze nowsze

STANISŁAW PYSEK PRUSIŃSKI

Copyright © 2019 Literally Literature
All rights reserved.
ISBN-13: 978-1-970090-09-3

Pierwszy tom:

Wiersze nowsze

Lenistwo

Co zrobić żeby nie być leniwym czy aby to da się
Czy można temu zapobiec w odpowiednim czasie?
Wiaterek się w powietrzu rozpędza leniwie
Lasy wolniutko rosną i zboże kiełkuje
Niedźwiedź wychodzi z jamy i wolno się porusza
Często lenistwem obarczona jest człowieka dusza.

Leniwym nie wolno pogardzać a raczej mu współczuć
Nie śmiej się z leniwego staraj się dać odczuć
Mów mu że jest wartościowy chociaż trochę wolny
Niech się poczuje potrzebny jak kwiatuszek polny.

Zdarza się że prezydent jest leniem senator czy hrabia
Udaje pracowitego a tylko rozrabia
I tak z boku popatrzeć to dziwne to wszystko
Ale czy się opłaci uprawiać lenistwo?

A w naszym codziennym życiu trening czyni mistrza
Należy się wystrzegać nadmiernego lenistwa
A wiadomo żeby coś osiągnąć to trzeba pracować
Chociaż czasami trochę też poleniuchować.

Przykład lenistwa

Odpoczywał na kanapie pewien panicz młody
W domu bardzo bogato i wszelkie wygody
Rodzice wyjeżdżając na wakacje na łono przyrody
Pozostawili mu przy łóżku pełną kwartę wody.

Panicz z lenistwa na leżąco wodą ugasił pragnienie
Tak więc dalej beztrosko uprawia leżenie
Coraz bardziej wysycha przeklina świat cały

Ale ciężko się podnieść leży tydzień cały.

Zmaga się więc z lenistwem ale ma opory
Przed oczami iskierki zjawy i potwory
Nie boi się że przekroczy bariery lenistwa
       Wstań i napij się prosi buzia wyschła.

Cóż odwodnił się niebawem chłopaczyna młody
Ale ze swojej winy zrezygnował z wody
Zostawił ojca matkę komputer i boisko
Teraz gdzieś tam z oddali patrzy na to wszystko
Czy tak naprawdę się opłaciło jemu to lenistwo?

Zebra i febra

Jak sobie przypomnę o tym
To mnie trzęsie febra
Młoda w lesie zebra spogląda
Na swoje chude żebra.

Las spalony braknie trawy
Coraz się na gorsze zmienia
A wyżywić trzeba dzieci
Nic nie złapiesz na jelenia
Jadło z góry nie przyleci.

Jak tu pomóc biednej zebrze
Żeby febra ją puściła
Takie fajne to zwierzątko
Jest uprzejma prosta miła
Rozwiązać w sposób logiczny
Może ogród zoologiczny.

Pomyślała zatem zebra

Chuda taka jak drapaka
Muszę powiadomić męża
I zapytać o to węża.

Wąż jej odrzekł tu jest dobrze
    Nic nie robię i się wije
    Znajdzie się miejsce dla ciebie
    I rodzina też wyżyje.

Zebra długo nie czekała
Pewien moment wyczekała
Z rodziną do ogrodu wpadli
Bardzo szybko się najedli.

I przestała trząść ją febra
Spogląda na tłuste żebra
Pracuje w ogrodzie od dziewiątej do trzeciej
Dzieci ogród odwiedzają
Czas wesoło szybko leci
A tylko wtedy dostaje febry
Gdy mąż zerka na inne zebry.

O mały włos

Zabolało dziadka serce
Babcię to zmartwiło wielce
    Wstawaj stary do kontroli
    Proszę pokaż co cię boli.

Więc zbadała babcia dziadzia
    Jesteś chory babcia gada
    Zbieraj więc się do szpitala
    Dość już tego tra la la la.

Więc posłuchał dziadzio babki
Trzeba się zbierać nie ma gadki
U doktora sprawa licha
Coraz gorzej dziadek wzdycha
Słychać serca głośne tony
Stary zrobił się zielony
Pewnie umrę myśli dziadek
Kto otrzyma po mnie spadek?

W duszy starca powstał zamęt
Nie ma czasu już na lament
Coś mu w ciele dziury wierci
Odejdź koso odejdź śmierci.

Posłuchała śmierć dziadka i wyszła
W tym momencie babcia przyszła
A co dalej było w planie
Jak zwykle raniutko śniadanie.

Szkoła życia

W życiu lepiej gdy coś umiesz
Wiesz więcej lepiej zrozumiesz
Ucz się prawdy i rozsądku
To wtedy będziesz w porządku.

Popatrzmy na przeciętnego malucha
Mama mówi bobas słucha
W słowach gestach już pojmuje
Po swojemu kombinuje
A im więcej mama umie
Tym bardziej malec rozumie.

W szkołach dziwne są programy

Nauczanie początkowe
Wbija się do mózgów dzieci
Dziennie tysiąc słów na głowę.

    Szkoła podstawowa
Dużo niepotrzebnych bajer
Nie wiadomo o co chodzi
Zamiast uczyć liczyć pisać
To uczymy dzieci manier.

    Szkoła średnia
Komputery seks
 I nowe obyczaje
Wraca uczeń do chałupy
I już w progu matkę łaje.

    Studia
To kosztuje dużo kasy
Dobre szkoły kończą tylko asy
Ale i słabsi tak też sądzę
Za rodziców pieniądze.

Sytuację mamy taką
Bieda w kraju nie ma pracy
Emigruje taki student
Do Norwegii na ten przykład
I trafia do baru na zmywak.

Chcąc poprawić edukację
Mamy wiele do zdobycia
Wprowadźmy we wszystkich szkołach
Przedmiot pod tytułem *szkoła życia*.

W każdej klasie przez godzinę

Uczmy dzieci normalności
Poszerzajmy więc kulturę
Uczmy rozsądku miłości
Po co po omacku kluczyć
Trzeba w szkołach prawdy uczyć.

Uczmy pracy i szacunku
A korzyści z tego będą
Staniesz się prostym normalnym
A nie starą dziwną zrzędą.

Uczucie

Co najpierw powstało
Miłość czy uczucie?
Skąd się zatem bierze w wyobraźni
To dziwne odczucie.

Uczucia kupić nie możesz
Ono samo się wytwarza
To pobudza do emocji
Coś niezwykłego stwarza.

Uczucia nie przewidzisz
Wcześniej nie wykryjesz
Nie spodziewasz kiedy nastąpi
I go nie ukryjesz.

Niezwykłe uczucie
Wyrazy miłości
Kiedy się nie spodziewasz
W twym sercu zagości.

I może zmienić tory twego życia

Trzeba zatem spróbować a więc się odegrać
Przegrasz gdy starasz się stłumić uczucia
Być może stracisz sens do życia.

Uczucie to matka prawdy
Dobroci radości
W sercach kochanków rozpala
Wielkie namiętności.

I trwa wiecznie nieposkromiona
Wspaniała realna
Szalona i nieśmiertelna
I niezatapialna.

Więc nie igraj z uczuciem
I szanuj marzenia
To jest właśnie konsensus
Naszego istnienia.

A wiadomo że wszystko zagra
I dobrze się zakończy
Gdy się dwa małe uczucia
W jedno wielkie złączy.

Uczucie przechodzi przez życie
W bardzo wielkim trudzie
Z wielkich uczuć i namiętności
Rodzą się nowi ludzie.

A wiadomo że uczucie
Dotyczy małżeństwa
Z uczuciem patrzymy
Na nowo rodzące się maleństwa.

Rozmyślania o uczuciu
Nawet w nocnej ciszy
Gdy się czasem uczucie
Z uczuciem zadyszy.

Więc budujmy i szanujmy uczucie
O każdej godzinie
To szczęście nas nie opuści
I nigdy nie przeminie.

Tęsknota Pyska do Tereski

Pojechała Tereska do miasteczka
Raniutko w sobotę
Udała się na zakupy
W taką letnią słotę.

Pysek mruży oczy
Patrzy w okieneczko
Gdzie przebywasz najmilejsza?
Ty moje słoneczko.

Ugotował mleko
A tęsknota wzrasta
Pewnie pójdzie lub pojedzie
Za Tereską do miasta.

A tęsknota wzrasta
I serduszko puka
Moja miła Tereseczko
Moja najdroższa gwiazdeczko
Kwiatku ciebie szukam.

Mój drogi kwiatuszku

Przy twoim serduszku
Spędziłem ja życie całe
Przy twoim pępuszku.

Pobiegniemy rankiem
Na łączkę zieloną
Urwę Tobie moja śliczna
Różyczkę czerwoną.

Różyczkę czerwoną
Owianą w jedwabiu
Popatrz moja kochaniutka
Jak się duszki bawią.

Posiedzimy w lasku
Jeden dzień i trzeci
Teraz moja Tereseczko
Bawmy się jak dzieci.

Niechaj w naszych sercach
Wielka radość gości
Bo co to jest życie warte
Bez wielkiej miłości?

Stanęłaś kochana
Na moim widoku
Obiecuję że dotrzymam
Zawsze Tobie kroku.

Jagód nazbieramy
Wodą popijemy
Poskaczemy pomarzymy
Do domu pojedziemy.

Moje Ja

Nieraz tak to myślę sobie
Co ja tutaj teraz robię?
Jest mi dobrze wszystko gra
Coś mi szepcze   to nie ja.

Czy to ty? To tak ja właśnie
Słyszę jak coś za mną trzaśnie
Drugie ja się odezwało
Jakby tego było mało.

Jak do pracy idę ja
Bo żyć trzeba i jeść muszę
Bo potrzeba to się zmuszę
A ja drugie mówi nie.

Bo ja drugie ma zadanie
Ja pierwszemu przeczyć panie
Jest też inne i odmienne
Złe fałszywe niecodzienne.

Coś mu zawsze nie pasuje
I z ja pierwszym kombinuje
Nie chodź bracie do roboty
Po co ci same kłopoty?

Niech pracują zatem inni
Ci naiwni i dziecinni
Ty się połóż lepiej leż
A jak dają szybko bierz.

Ty się nie żeń mówi ja drugie
Formalności trudne długie

Ta dziewczyna to cię zgubi
Ona wcale cię nie lubi.

Pierwsze ja mi mówi nie
Ta dziewczyna ciebie chce
Musisz szybko się ożenić
I życie na weselsze zmienić.

Nastąpiła duża sprzeczka
Aż podniosła się poprzeczka
Kto ma rację pierwsze ja
Może drugie też ma rację
Zaprosić ją na kolację
Nie zaproszę będę sam
Znowu problem ze sobą mam.

Co tu robić jak być sobą
Jak walczyć z tą drugą osobą
Odejdź mówię drugie ja
W oczach pojawia się łza
Zawsze jakieś wątki masz
A to po co tak się pchasz.

Drugie ja się obraziło
Nisko głowę opuściło
Bo ty nie wiesz co jest dobre
Zawsze chowasz się pod kołdrę
To ty te pretensje masz
Odejdę jak coś mi dasz.

Teraz w głowie mi się plącze
Nic nie oddam ja połączę
Dodam pierwsze do drugiego
A to drugie do pierwszego.

I wyniki są na dole
Jest mi dobrze ja pindolę
I zostało wszystko gra
Jedno duże moje ja.

Joanna i fortepian

Ktokolwiek kocha muzykę
Jest po trochu romantykiem
Nie musi być wcale Szopenem
Może być Asią czy Geniem.

Muzyki się można naumieć
Wystarczy ją troszkę zrozumieć
I niekoniecznie znać nuty
I utwór z książeczki wykuty.

Przyśniły się nutki Joasi
Takiej maleńkiej córusi
Dziewczynka maleńka w ogródku
Przekomarzała się z nutką.

Gdzie mruga i mruga ten kotek
Dziewczynka wygląda za płotek
Ładna to piosenka niedługa
Do kogo ten kotek tak mruga
W oddali fortepian gra nutki
Więc cieszy się bobas malutki.

Mamusia i tatuś kochany
Kupili Joannie organy
I książeczkę pełną nutek
By nie ogarniał jej smutek.

Dziewczynka wygrywała nutki
Aż piesek wyglądał z budki
I kotek jej tańczył malutki
A wokół ptaszęta śpiewają.

I przygrywają na wiosnę
Na wielkiej zielonej sośnie
A teraz Joanna nam śpiewa
Publiczność z zachwytu rozgrzewa.

Karierę Joanna zaczyna
Ta piękna muzyczna dziewczyna
A nuteczki w takt muzyki
W jedną całość się składają
A paluszki młodej panny
Bardzo szybko uderzają.

Muzyka przerywa ciszę
      Słyszę hej sokoły
        Omijajcie góry lasy doły...

Tereska i fotel

Wielki fotel brązowy
Sukienka niebieska
W ekran komputera
Spogląda Tereska.

Minę ma wesołą
Właśnie coś dojrzała
Bardzo się wzruszyła
Aż wypromieniała.

Teraz się rączką głaszcze po plecach
Siedzę naprzeciwko i bardzo cicho
Nie chcę przeszkadzać chciałem zapytać
Zrezygnowałem strach mnie obleciał
Po co mam sobie biedy napytać.

Nóżki na ławę Tereska zakłada
Zaciera również z uciechy ręce
Coś tam ujrzała zaraz coś powie
Aż jej się włosy jeżą na głowie.

Spod okularów zielone oczy
Ząbki pokaże podgina łokcie
Oj to nieładnie paluszek w buzi
Coś tam się stało chyba z paznokciem.

Czekam niepewny znowu muzyka
Głośna melodia piosenka leci
Tereska rzekła słuchaj mnie Stasiu
Jak teraz pięknie śpiewają dzieci.

Znowu jest cisza
      Śmieją się usta
            Co teraz będzie?

Cisza nastała Tereska wzdycha
Dużym paluszkiem rusza u nogi
Coś zobaczyła znowu się śmieje
Coś na ekranie chyba się dzieje.

Plecy ją bolą to od roboty
Sobota wolna trzeba pracować
Robić kotlety zupę gotować
Naciąć warzywa marchewki pietruszki

I placki upiec pokroić gruszki.

Robi to szybko ze szczerego serca.
Jutro zawita wujenka Walercia
Wnuczka Martusia i wnuczka Ania
Janek mąż Marty i dwa prawnuczki
Poważni goście bliska rodzina.

Pysek wygląda Tereska tęskni
Jutro w niedzielę ma się to dziać
Za oknem noc się układa pięknie
Głowy w poduszki idziemy spać.

Chudy i gruby

Dwóch przyjaciół chudy i gruby
Siedzi w parku na ławeczce
Chudy gryzł kwaśne jabłko
I skórki chleba miał w teczce.

Gruby udo obgryzał
I bardzo się ślinił
W dużej torbie leżało
Kawałeczek świni.

Rzekł chudy do grubasa
      Mnie to nie przeszkadza
      Co się z Tobą gruby dzieje
      Co cię tak rozsadza?

Myślę że to niezdrowo
Tak ciągle się obżerać
Może ci się przypadkiem
Gdzieś w dole i gazu nazbierać

Możesz nawet wybuchnąć
I po co umierać?

      Gruby ty pomyśl teraz rzekł chudy
      Bo będzie po czasie
Gruby się nie odzywa
I dalej się pasie.

A może mowę mu odebrało
Pomyślał ten chudy
Zrobił się jakiś czerwony
Od jedzenia rudy.

Co zrobić żeby się gruby odezwał
Jak przerwać jego uparcie
Wpadł na bardzo głupi pomysł
Zabiorę mu żarcie.

Ledwie tylko podniósł rękę
Żeby chwycić torbę
To od razu oberwał
Od grubasa w mordę.

Opadł chudy na ławkę
Świst i ból wielki w głowie czuje
Zrozumiał że brzydko zrobił
Przeprasza prostuje.

Odezwał się wreszcie gruby
      Słuchaj chudy mam życzenie
      Sięgniesz po torbę raz jeszcze
      Trafię w przyrodzenie.

Nagle zamilkł ten gruby

Bo był głodny i mlaska uparcie
I po brzuszku się klepie
      Ale dobre żarcie.

Chudy milczy i na grubego
Spogląda spod sęka
I stała się rzecz nieprzewidywalna
Nagle ławka pękła.

Grubemu nic się nie stało
Bo gdy spadał z ławki
Złapał amortyzację
Przez tłuste pośladki.

Niestety tego upadku
To chudy nie przeżył
Bo chudymi pośladkami
W pień drzewa uderzył
I właśnie przez ten drzewa pień
Uszkodził śmiertelnie rdzeń.

Leży w domu pogrzebowym
W trumnie właśnie chudy
Nad trumną przyjaciela
Stoi jego kolega z parku
Ten otyły gruby.

W oczach grubego łezki
W sercu żal wielki z miłości
Spogląda na przyjaciela
Zwłoki tylko same kości.

I taka grubemu w głowie
Teraz myśl zaświta

Dlatego że był chudy
Wyciągnął kopyta.

Na podłogę z oczu grubaska
Płynie łezek wiele
Ominęła ciebie uroczystość chudziaku
Jutro jest moje wesele.

Mąż żona córka i kot

    Kup sobie moje kochanie nie malowidło
    Ale pachnące zwyczajne mydło
Mówi mąż szalony do żony.

Zmyj to malowidło
Przy użyciu ciepłej wody
Zrezygnuj z tej mody
Dla swojej wygody
Przywróć buzię do normalności
Nie strasz swym wyglądem gości.

Drugi raz odezwał się
Mąż szalony do żony
I zamilkł oczekuje odpowiedzi
I w fotelu cicho siedzi.

Żona uczona ciszę tę przerywa
I w takie słowa się odzywa
    Ty spirytusie smętny pijaku
    Czuć od ciebie śmierdzącą wódą
    Ty stara marudo
    Przepiłeś całą wypłatę
    Koszulę masz jak szmatę
    Tobie by się przydało mydło

I jakieś zwykłe pachnidło.

Ja jestem umalowana
A Ty szlajasz się od rana
I udajesz cygana
          Frajerze.

Uczona żona umilkła
I cisnęła w chłopa talerzem
Na szczęście talerz zbiła
Ale w chłopa nie trafiła.

Zamilkła i czyta książkę
I patrzy na ślubną obrączkę.

Ciszę znów przerywa córka zwyczajna
I do rodziców odzywa
          Dość tych Waszych głupich bredni
          Jesteście mi teraz potrzebni.

Kupcie najlepiej dwa mydła
Na co mamie malowidła?
A po co ty ojcze pijesz wódę
Za pieniądze zarobione z trudem
Popatrzcie jak wasza córka schudła
Wczoraj właśnie wyszłam z pudła.

Dzisiaj może być powtórka
Poznałam bogatego Turka
Na więziennych wczasach
Co dostał tylko w zawiasach
Następnie zarobił dychę
Za sprawowanie ciche.

Potrzebuję na wesele kasy
Muszę pojechać na wczasy
Gdzieś do Toronto
A mam puste konto.

Zamilkła córka
Pokrzywdzona i wkurzona
I po tej krótkiej spowiedzi
Na łóżku cicho siedzi.

Na to kot na kuchni zza kapsli stosem
Przemówił ludzkim głosem
    Dzwoniłem dziś na policję
    Ogłaszam prohibicję
    Mój los jest nieciekawy wprost marny
    Dwa dni już nie jadłem karmy.

    Zwierzaka nikt nie słyszy
    Zjedzą was robaki i myszy
To mówiąc pustą miseczkę od mleka zrzucił
Wybiegł z domu
    I nigdy nie wrócił.

Specjalnie dla Cioci Zosi

Nasza Ciocia ta z Mocarzy
Śpi w ogródku i marzy
Nad jej głową krążą ptaszki
Wydziwiają różne fraszki.

Silna Ciocia się nie daje
To się wcale nie wydaje
Bo posiada niezły docisk
Kto nadepnie jej na odcisk.

Gdy na dworze mamy zimę
Głowę chowa pod pierzynę
Z tęsknoty wygląda przez okno
Czy aby jej wnuczki nie zmokną.

Oprócz tego że ma wnuczki
Kotka Mruczka pieska Kruczka
Żywi jeszcze cztery świnki
Extra mięso dla rodzinki.

W piątki Ciocia zawsze pości
Nie posiada się z radości
I o zdrowie zawsze pyta
Gdy Zenek z Tereską zawita.

Córka Tereska i zięć kochany
Zawsze uprzejmie bywa witany
Muszą więc słuchać się Cioci Zosi
Ona dwa razy nigdy nie prosi.

Gdy pastor w Burzynie w kościele dzwoni
To dźwięk ten słychać aż na kolonii
Na Anioł Pański więc Ciocia wstaje
Obowiązkowo takie zwyczaje.

Nie stroni Ciocia od muzyki i tańca
Ale nie ruszą się bez różańca
Gdy Matka Boska z obrazka zerka
U Cioci szybko mija rozterka.

Gdy Ciocia Zosia raz zaniemogła
Więc Matka Boska szybko pomogła
Nawet Pan Jezus tam w Białymstoku

Przebywał z Ciocią na każdym kroku.

Dzwoni Tereska gdzieś z Ameryki
I Staś też chory dziękuję Cioci
Bo Ciocia Zosia modli się prosi
Zawsze pamięta taka rodzinna
Zawsze życzliwa bardzo uczynna.

Gdy się gość jakiś do domu nadarzy
Ciocia go przyjmie kawę zaparza
Nawet upiecze świeże placuszki
Kawałek mięsa i świńskie nóżki
I cię głodnego z domu nie puści
Gdy nie posłuchasz Cioci kochanie
To weźmie pasek i spuści lanie.

Ta nasza Ciocia to wszystko warta
Taka odważna miła uparta
U niej chałupa zawsze otwarta
W domu się każdy zatrzymać może
Miej ją w opiece Nasz Święty Boże.

List do Kefira

Zrozum mości mój Kefirze
Proszę błagam proszę nie śpij
Obudź się już ranek nastał
Wtedy się poczujesz lepiej.

A w teatrze to się dzieje
Dama płacze pastor się śmieje
Ktoś zarobił z tyłu w maskę
Koń się do teatru śpieszył
Nie zdążył na klamce powiesił.

Ciemno wszędzie teatr głuchy
Wokół krążą karaluchy
Czarownice wyją głośno
Że na głowie włosy rosną.

Społeczeństwo w twoich czasach
Rozumiem mieszkało w lasach
Gdzie potężne czarownice
Paliły wielkie gromnice
Wszechwiedzący czarodzieje
Sikali na gęste knieje.

Kartel to jest stwór obszerny
Król zabójca lud niewierny
A królowa za ojczyznę
Produkuje tu truciznę.

W imię czego truje brata
Babkę żony psy i koty
Chyba całkiem jej odbiło
Czyni to z braku roboty.

Romanse

Romantyczność jest wskazana
I dla pani i dla pana
Bo romantyzm nieraz dziwny
Czasem bywa pozytywny.

A epoka romantyzmu
Ma coś w sobie z socjalizmu
Bo romantyzm to marzenia
On socjalizm rozkorzenia.

Za Adama Mickiewicza
Hrabia z wąsem i dziewica
Gdzieś pod laskiem w blasku słońca
Przytulali się bez końca.

Hrabia strzelił pannie mowę
Klęka na lewe kolano
Bardzo czule obejmuje
Piękną kibić ukochaną.

Romans pękł gdy hrabi żona
Szelestami obudzona
Przypadkowo tak dla hecy
Strzeliła mężowi w plecy.

I się stało hrabia skonał
Lecz romansu nie dokonał
Pannę wygoniono z dworu
Odesłano do klasztoru.

A romantyzm w socjalizmie
Nie mówiąc o komunizmie
Pan sekretarz w pegeerze
Na wycieczkę pannę bierze.

Romantyczność się udziela
Czasem wraca bez portfela
A w chałupie awantura
W nocy znikła nowa fura
Żona długo nie czekała
Na romantyzm się udała.

W naszych czasach jest inaczej

Bo romantyzm się olewa
Zamiast mówić o miłości
To gorzałę się polewa
Boli głowa bolą kości
Wytrzeźwiałka brak miłości.

Staraj się być romantyczny
Ale tylko dla swej żony
Czy dziewczyny tej wyśnionej
Bo romantyzm możesz stracić
Być może rozstaniem zapłacisz.

Tunezja

Różnie to na świecie bywa
W mieście pusto na wsi żniwa
Trudne czasy jak w poezji
Bogacz jedzie do Tunezji.

Cztery fury dwie kochanki
Piękne ranczo cztery banki
I udziały też mafijne
A układy też partyjne.

Piękny hotel i baseny
Naokoło morze plaża
Szampan leje się do wody
Tylko kochać tęsknić marzyć.

Piękne laski smukłe nogi
A co dalej Boże drogi
Figle migle i baraszki
Na biodrach śliczne opaski.

Gdzieś w powietrzu mknie latawiec
Na jasnym nieba błękicie
Na wodzie wiatr łódź kołysze
Nagle grzmot przerywa ciszę.

Huk ze świstem się przeplata
Coś się dzieje koniec świata
Powstał zamęt ludzki lament
Straszny rumor i krzyk wielki.

Co się dzieje prawda czysta
Z gana strzela terrorysta
Ludzie biegną do hotelu
A po drodze ginie wielu.

Święty Boże widzę z dala
Ten bandyta lont odpala
I wysadza się w powietrze.

Huk potworny i dym wielki
Fruwają pontony butelki
Nagie ciała żywe mięso
Trupy ścielą plażę gęsto.

Nigdy zatem nie wiadomo
Pewnych zdarzeń nie przewidzi
Dziś jest jutra można nie doczekać
Taki jest los ziemskiego człowieka.

Co dalej

Rosną w piórka politycy
Nikt z narodem się nie liczy
Stać nie wszystkich na otręby

Dzieciom spróchniały zęby.

Człek człowieka bije batem
Dym unosi się nad światem
Słabo to się wszystko klei
Moc ciemności brak nadziei.

Moc oklasków duże brawa
Nie dla wszystkich równe prawa
Siedzi taki na urzędzie
Delikatnie przędzę przędzie.

Dziwna to historii lekcja
W długach tonie cała Wersja
Puste półki śliskie klamki
I pozamykane banki.

Cóż więc robi Werso - Grupa
Trzeba znów ratować trupa
Tu nie można pofolgować
Trzeba euro uratować.

I się stało Wersja płonie
Biegną kozy krowy konie
A turysta po kryjomu
Cap walizki i do domu.

Dla Pana Generała Mieczysława Konopko

Pan Mieczysław to wie wszystko
Mieszka obok bardzo blisko
Gość uprzejmy i przystojny
Lubi spokój nie chce wojny.

Jest przyjazny i nie dziki
Nie stroni od polityki
Miecio zawsze wszystko widzi
Trochę go wkurzają hyzi.

Z Pana Mietka kawał chłopa
Nie chciej żeby dał ci kopa
Możesz zgubić buty getry
I przelecieć cztery metry

Rękę też ma ciężką panie
Nie ustoisz na dywanie
Gdy zasłużysz może trzasnąć
Nie utrzymasz musisz zasnąć.

Pan Mieczysław trochę chory
Często biega do doktory
O leżeniu nie ma mowy
Dzisiaj chory jutro zdrowy.

Kiedyś miał roboty nawał
Zdarzyło się chwycił go zawał
Lecz chorobie się nie dawał
Choć serduszka stracił kawał
Długo walczył i się męczył
Ale w końcu się wykręcił.

Dni czternaście tak w bezruchu
Wstawaj Mietek wstawaj zuchu
Dość lekarstwa zostaw miarkę
Pan Mieczysław strzelił ćwiartkę
Zaczął wtedy życie nowe
Miał entuzjazm energię i głowę.

Pan Mieczysław się nie wzdryga
Swoim białym autkiem śmiga
Gdy przejeżdża nawet chory
Kap oddaje mu honory.

Pani Wiesia też się cieszy
Gdy tak do niej Mieciu śpieszy
Mają wspólną własną wizję
Wspólne sprawy telewizję.

Spożywają wspólne zupy
Za rączęta na zakupy
Pan Mieczysław bardzo miły
Gdyby tak miał więcej siły
I nikt by go o to nie prosił
Na rękach by Wiesię nosił.

Jest nam wzorem naszą chlubą
Niechaj żyje ze swą lubą
Niech go nigdy nic nie boli
Tylko niech unika soli
Byle tylko nie z przymusu
Nie za dużo spirytusu.

Stasio Pysek i Tereska
Bardzo cenią Pana Mietka
Zawdzięczają mu tak wiele
Do zobaczenia w niedzielę.

Wymigać

Dobrze to jest się wymigać
To się zawsze może przydać
Wymigałeś się więc żyjesz

Stanisław Pysek Prusiński

Znowu śpiewasz tańczysz pijesz.

Wykrzywiło ci buziaka
W twoim ciele zazgrzytało
Ciemność ogarnęła taka
I powietrza jakoś mało.

Coraz gorzej tyłek wierci
Ja tam się nie boję śmierci
Przecież tyle mam roboty
Nie umiera się w soboty
Ale tego to już za wiele
A co dopiero w niedzielę.

Pożyteczna harmonia

Chciałbym zadziwić świat
                    Ale jak?
Co zrobić żeby zasłynąć
Być bohaterem wypłynąć?

Nie dać się zrobić w konia
Kochać okiełznać słonia
Wyjechać w dal na wycieczkę
Przepłynąć mydlaną rzeczkę.

Poznać nowych ludzi
Z brzaskiem dnia się budzić
Zakochać się a przy okazji
Wytworzyć wiele fantazji.

Rozpalić ognisko przy lesie
Krzyczeć niech echo niesie
Być może głos z dali odpowie

I w końcu co myśli dopowie
I słowa i gesty wzmocnione.

I to wyjęte to czego pragnę
Jest nietypowe i ładne
Jak słońce co tęczę upiększa
I staje się większa i większa.
I znika i kryję się w dali
Ostatnią iskrą się pali.

Problem o coś to

Nasze czasy jak wieść niesie
Mała wioska była w lesie
Środkiem wioski płynie rzeczka
Jakieś wzgórki wąska steczka
Stare drzewa białe brzozy
I pastwiska krowy kozy.

A gdzieś w dole młyn do mąki
I zapora wielka wodna
Stary cmentarz gdzieś na wzgórzu
Obok kościół i plebania
Na plebanii pastor staruszek
Słowem okolica fajna.

Żyło się tam wszystkim zgodnie
Nowocześnie miło modnie
Aż do tego dnia pewnego
Kiedy ranne wstały zorze
Szła uliczką córka wójta
Ciągnąć pieska na obroży
Więc stanęła tak nierówno
I wdepnęła w wielkie g...

Stanisław Pysek Prusiński

Coś takiego na wsi Boże
Od łez wstrzymać się nie może
A było to przy niedzieli
Krzykła ludzie się zlecieli.

Niektórzy nie dowierzają
Takie coś to przy niedzieli
Co niektórzy oniemieli
Kto to zrobił ktoś z sąsiedztwa
To nadaje się do śledztwa.

Wójt zadzwonił na policję
Baby rozpoczęły modły
Kto to zrobił ten jest podły
Coś takiego w czystej gminie
W niedzielę o tej godzinie.

Ten to coś i na takie coś odważył
Może trafić do więzienia
Nie dostanie rozgrzeszenia
I się w piekle będzie smażył.

Prokurator zjechał z miasta
Lekarz bada każdą pupę
Kto odważył się i zdobył
Zrobić taką dużą kupę.

Cała wioska pokłócona
Wściekły pastor syn organisty
Pewnie to coś nam zmontował
Jakiś duch zły i nieczysty.

W końcu wszystko się wydało

We wsi się zagotowało
Więc kupiono proszę państwa
Komputer wykrywacz kłamstwa.

Przebadano pastora Władka
Sołtysa i wójta gminy
Do badania na kłamliwość
Ustawiły się rodziny.

Cud techniki się okazał
Komputer przestępcę wskazał
Pastor zdębiał zaniemówił
Organista zaczął grać
A przestępca jest nareszcie
A jak to się mogło stać
Wstyd i hańba dla rodziny
Zrobił to Antoni z gminy.

Pan Antoni na libacji
Razem z wójtem po kolacji
Chyłkiem udał się do domu
Zrobił to coś po kryjomu
A dlatego tam na drodze
Bo nie zdążył dojść do domu.

Zrobił to coś i to wszystko
Stracił swoje stanowisko
To coś co się często zdarza
Trafiło na sekretarza.

To przestroga dla każdego
Nigdy nie rób po kryjomu
Zrób to coś to
               Ale w domu.

Sumienie

Słynny krytyk gdzieś z Paryża
Podziwia obrazy
Łypie wzrokiem penetruje
Doszukuje się skazy.

A że niebo zbyt niebieskie
Po co w dali dama z pieskiem
Chmury trochę zbytnio czarne
Stwierdził w końcu że ów człowiek
Malarz stworzył dzieło marne.

Dzieło się nie podobało
Zdjęto je z wystawy
Malarz nowe namalował
Żeby nie wyjść z wprawy.

Nowe jego arcydzieło
Przedstawiało trupa
Z przodu czarna róża kwitnie
Z tyłu goła d...

W dali gdzieś na horyzoncie
Zgrabna śliczna laska
W prawym rogu gdzieś na górze
Lucyfera maska.

Długo krytyk wietrzył dzieło
Zauważył maskę
Nagle dostrzegł w prawym rogu
Goluteńką laskę.

Skutki tego były straszne
Z twarzy spadła maska
I krytyka podnieciło
Aż mu drgnęła laska.

Oglądała piękny pejzaż
Stara siwa Renia
To nieszczęsny pomyślała
Krytyk bez sumienia.

Wandale

Na ekranach i na wizji
We światowej telewizji
Są programy różnorakie
Mądre często dziwne takie.

Podziwiamy sytuację
Jak się dobro ze złem spiera
Ktoś kogoś błotem obrzuca
Gangster zatłukł milionera
I się pyszni swoją sławą
Dostał za to duże brawo.

Śmierć na drodze czy w piwnicy
Nietypowo w niedosycie
Żądza władzy w dobrobycie
I zwyczajne mordobicie.

Nie ma kary na bydlaka
Rozjuszyła się sobaka
Gryzie i rozwala słupy
Na drodze zostawia trupy.

I widzowi się udziela
Stół przewraca z gana strzela
Po programie gnojek Bronek
To podpalił ojcu domek.

Niebywałe też przypadki
Syn poderżnął gardło matki
Potem podciął sobie żyły
I uczucia się skropliły.

I tym razem ktoś przesadził
Pod ratusz bombę podsadził
Słoń rozbroił tę tą bombę
Ale mu urwało trąbę.

Zakochanie

Podglądanie to jest grzechem
Płacze obolały Maciek
Z drugiej strony to się cieszy
Bo pozornie tylko płacze.

Z lewej strony stoi mama
Taka bardzo zatroskana
A z prawej strony łóżka
Wesoła dziewuszka
Siedzi już od rana
Taka zakochana.

Właśnie Maciek synek mamy
Którego niżej poznamy
Złamał nogę obtarł udo
Przez tę właśnie Wiolkę rudą.

Maciek rano tak wesoły
Raźno wybiega do szkoły
Dźwiga też na plecach teczkę
Jutro jedzie na wycieczkę
Z mamą tatą gdzieś nad rzeczkę.

Będzie super myśli Maciek
Mama dziś upiecze placek
Tata namiot przygotował
I dwie wędki uszykował.

Maciek chłopiec już dorosły
Jedenaście lat i pół wiosny
Lubi patrzeć na dziewczyny
I domyśla się przyczyny
A podoba mu się Wiolka
Ale ona go nie lubi
Ona lepiej lubi Bolka.

Jest już grubo po dwunastej
Koniec lekcji i po szkole
Właśnie w tym to momencie
Na boisko wbiega Bolek.

Zerka Maciek co to Wiolka
Idzie właśnie w stronę Bolka
Zmartwił się troszeczkę Maciek
Masz tu Maciuś babci placek.

Bolek Wiolkę wziął za rękę
Maćkowi nie trzeba więcej
Łezka cieknie po kryjomu
Szkoda trzeba się zbierać do domu.

Stanisław Pysek Prusiński

Maciek nie dał za wygraną
Będzie śledził Wiolkę z Bolkiem
Lubił Wiolkę był ciekawy
Będzie śledził nie ma sprawy.

A więc dalej tak się stało
Bolek z Wiolką wszedł do domu
Maciek sprytnie po cichutku
Zakradł się do Wiolki domu.

Wdrapał się na wielkie drzewo
Pokój Wiolki był na lewo
Bo to nie mogło się wydać
Wszystko w jej pokoju widać.

Wszystko może by się skończyło dobrze
Gdyby Wiolka i Bolek
Nie usiedli na kołdrze.

    Tego już za dużo
Wrzasnął mały Maciek
    Wiolka to jest moja
Urwał mu się pasek.

I już nie pamięta
Dalej jak to było
A więc zleciał z drzewa
Wszystko się zamgliło.

Teraz to w szpitalu
Leży obolały Maciek.
Mama mu przyniosła
Ten sobotni placek.

Tata też przy łóżku
Z wędką tak na niby
Pokazuje chłopcu
Jak się łowi ryby.

Chłopiec jest szczęśliwy
Tutaj nie ma Bolka
Z prawej strony łóżka
Siedzi przy nim Wiolka.

Czule obejmuje Maciusia za rękę
Patrzy w oczy i taką mu nuci piosenkę
    Kocham cię Maciusiu
    Czego więc potrzeba
    Tak mnie polubiłeś
    Że aż spadłeś z nieba.

Spodziewanie

Czy spodziewasz się
Co może zdarzyć się dzisiaj lub jutro
Że ci coś w twoim środku trzaśnie?
                        Właśnie.

Że ci ktoś przez pomyłkę do kawy nasypie soli
Że twój boss cię dziś w pracy opindoli
Że ci teściowa wieczorem humor odbierze
Że fikniesz koziołka na rowerze.

Nie spodziewasz że coś ci się dzisiaj stanie
Proszę odpowiedz na moje pytanie?
Wstydź się i bądź dziś dla żony miły
Chociaż się dziś w nocy dziewczyny przyśniły.

Stanisław Pysek Prusiński

Więc przyznaj się i wyznaj skruchę
Zapłacz i wtul głowę w poduchę
Rycz głośno nad swoim losem
Milcz i nie mrucz pod nosem.

Nie przejmuj się gdy przypadkiem
Zniesiesz jajko kurze może kacze nieduże
Nie próbuj się oprzeć naturze
Piel w ogrodzie szanuj róże
Nie wychodź gdy grzmi na dworze
Bo cię piorun trzaśnie.

Nie bądź opryskliwy i nadęty
Nie łap się na przynęty
Gdy zechce ciebie uwieść sąsiadka
Napuść na nią kumpla Władka.

Nie próbuj nawet choć w twoim typie
Bo żona cię przeklnie rodzina się rozsypie
Po co więc ci rozwód i rodzinne waśnie?
Czasem chociaż się dobrze czujesz i miewasz
Niczego się nie spodziewasz.

Jest piękny dzionek opadł ci członek
Nie martw się weź poprawkę
Kup śmietanę siądź na ławkę
Przetrzyj oczy spójrz na trawkę
Kochaj życie jak zabawkę.

Nie uciekaj

Nie uciekaj ludzkości
Gdzieś w zaułek ślepy
Bo kombajny zbożowe

Wiersze nowsze

Zmienią się na cepy.

Być może pierwotny człowiek
Znów na ziemię wróci
Gdy rozum to co zamierza
Szybko nie odrzuci.

Gdy przypadkiem patrzysz na mapę
Daleko nie zajedziemy tak na gapę
Popierając przy tym zwodnicze teorie
Wpadamy w mylną euforię.

Co dała ludziom pierwsza i druga wojna
Kambodża Wietnam Korea
Osiągnięcia i zyski z tego procederu
Równają się zeru.
Najbliższe czasy
Afganistan Irak
Na zdrowym ciele świata
Wyrósł wrzodny czyrak.

Odebrano tam biednym narodom
Resztki potrawy z miski
A kto na tym zarobił
Straciliśmy wszyscy.

Żądza władzy i pycha
Zawisła nad światem
Przestaje się wierzyć w Boga
Dziś brat walczy z bratem
Rodzina się rozpada
Dlatego świat upada.

Tracimy powoli człowieczeństwo

Ludzie jak bydlęta
Pracują i jednocześnie kradną
W niedzielę i święta.

Wszystko się komplikuje
Lodowiec się roztapia
I woda naszą Matkę Ziemię
Powoli zatapia.

Nasza Ziemia Matka
Jak kolonia karna
Być może nam grozi
Niedługo wojna nuklearna.

Bo dzisiaj jak wiadomo
Rakiety są w modzie
A diabeł do ich użycia
Wciąż rogami bodzie.

Gdy oprzemy się na zdarzeniach
Z epok lat minionych
Po trzeciej wojnie światowej
Nie będzie ani zwycięzców
              Ani zwyciężonych.

Polityczna maszyna

Pewien uczony stworzył teorię
Robił badania pisał wywody
W końcu u schyłku swojej kariery
Stworzył maszynę do lania wody.

Jest dużo wody w morzu i rzece
Mało kosztuje brudna czy czysta

Gdy się nauczysz dobrze lać wodę
Wnet się wzbogacisz rzecz oczywista.

Wielka maszyna i płyn zielony
Tłumy klientów panowie panie
A to dlatego bo to jest nowość
Dzisiaj promocja na polewanie.

Nikt nie przewidział nikt się nie spodziewał
Nastąpił teraz niechybny podział
Teraz już będziesz mógł wszystko dawać
I już swobodnie wodę polewać.

Wchodzisz do środka jesteś badany
I żrącym płynem na czoło polany
Coś ci na głowę sito zakłada
Prąd trochę trzepie i dziwnie gada.

Gdzieś z góry płyną dziwne odgłosy
Komputer z głowy wyrywa włosy
Kurcz ci raptownie wykręca buzię
A masz za swoje a masz łobuzie.

Tak zapominasz mamy i taty
Teraz dobrali się do prostaty
Zniszczyli serce nerki śledzionę
Zamalowali wszystko zielone.

Dostaniesz nową z przydziału żonę
Do picia miarkę i sekretarkę
Teraz już myślisz bardziej wyniośle
Panie prezesie posłanko pośle
Zrobili mnóstwo i innych rzeczy
Teraz nie gadasz teraz już skrzeczysz.

Męczyli ciebie i się udało
A co się będzie dalej więc działo
Tak operacja z dobrym wynikiem
Właśnie zrobiono cię politykiem.

Jesteś już mądry trochę się martwię
Możesz już teraz założyć partię
Możesz legalnie polewać wodę
I niszczyć wszystko ludzi przyrodę.

Masz pozwolenie i na kradzieże
Ty już nie kradniesz ty tylko bierzesz
Już się nie liczysz z tymi chamami
Do siebie garniesz i to łapami.

Jeśli nie wierzysz to tylko popatrz
Przyjrzyj się takiej pani to rozpacz
Co teraz na to złodziej z maszyny
Wtedy badano go trzy godziny.

Proszę kolega z twojego Ruchu
Czy pan z Boleści i inne pany
By awansować dalej na stołek
W tej to maszynie też był zmieniany.

Partie Zadymy czy też Frywolna
Jedna reforma druga reforma
I jesteś fachurą robisz na biuro
Jeździsz służbową nielichą furą
Możesz obrzygać kogoś w Madrycie
I politycznie się zgubić skrycie.

Masz też dwie żony i lewe dziewczyny

Wiesz po coś właził do tej maszyny
To się kojarzy także z ryzykiem
Boże miej litość nad politykiem.

Uczony żył tylko ze trzy godziny
Stwierdził wyniki swojej maszyny
Chociaż był mocny i chłopa kawał
Umarł na zawał.

Złoty pociąg

Ale rwetes straszna wrzawa
Wynikła niebywała sprawa
Bardzo głośno i po cichu
W górniczym mieście Wałbrzychu
Wielu różnych dziwolągów
Szuka złotego pociągu.

Dawno koleś złoto ukrył
Tu pod ziemią w mieście schował
A może on chciał i dobrze
W darze Polsce podarować.

I zaczęła się robota
Wszyscy więc szukają złota
Cała Polska Europa Rosja
Z Ameryki dużo ludzi
Każdy interes tu widzi.

Poszukiwacze złota panowie z Alaski
Ubrani w indiańskie opaski
Wania z poszukiwaczem na miny
Węszy w lesie dwadzieścia cztery godziny.

Stanisław Pysek Prusiński

Dwóch kolesi ze starą mapą i księgą rodzaju
Długo zaklinają i się kiwają
Polski archeolog trochę garbaty
Co przed żoną nawiał z chaty.

Dwóch gangsterów na dwa fronty
Zakładają w skałach lonty
Trzech uczonych z Riwiery
Wiercą głębokie dziury i wzory na kamery.

Zaklinacz węży węszy
Liczy na to że mu się poszczęści
Dla bezrobotnych praca z szansą marną
Oni szukają za darmo.

Gdzie ten pociąg myślą wszyscy
Poszukiwacze turyści
Tyle złota do podziału
Jakby tego było mało
To i sława z tego będzie.

A na skale siedzi baca
Myśli sobie zbędna praca
Chyba wszystkich porąbało
I rozumy im odebrało.

On zna prawdę tego złota
Jego dziadek opowiadał
Bo on był naocznym świadkiem
Kiedy ktoś to złoto wkładał.

Był wtedy potrójnym agentem
I był wszędzie węszył nosem
Dobrze znał się na wywiadzie

Współpracował z Hansem Włosem.

Zbudowano aż trzy tory
Co istnieją do tej pory
To dla zmyłki i zasady
Trzy pociągi i trzy składy.

W pierwszym pociągu uczony z Ewą
Uczą się polskiego śpiewu
Wspominają tych z łapanki
Wyglądając zza firanki.

W drugim pociągu naukładane
Wszystkie złoto zrabowane
Obrączki złote naszyjniki
Z Argentyny z Ameryki.

Orły srebrne złote łapki
Nawet całe duże sztabki
Kosztowności warte wiele milionów
Coś około osiem wagonów.

W trzecim pociągu ludzkie odchody
Jakieś nocniki i korytarze też zapaćkane
Zostało wszystko zaminowane
Z rozkazu wodza ruszyły składy
Ale wiadomo proste układy.

Było to latem bracia przyrodni
I koniec wojny zbliżał się zatem
Więc oczywiście z tej to przyczyny
Pociąg z kolesiem do Argentyny.

Pociąg ze złotem do I K S A leci

Stanisław Pysek Prusiński

Złoto odbiorą bogate dzieci
Co więc się stało gdzie jest skład trzeci
I problem z głowy cwaniak po cichu
Ukrył odpady właśnie w Wałbrzychu.

Pod wielką skałą ukryto g...
Trzeba podzielić wszystkich na równo.
Ale jest problem szanowny panie
Bo to jest g... zaminowane.

Należy zatem badania przerwać
Bo może kogoś przy tym rozerwać
I będzie fruwać w powietrzu równem
Do spółki z g....

Maszynka do pieniędzy

Jak zabłysnąć co tu zrobić
Próbowałem już wszystkiego
Po prostu się nie udaje
Nici z tego.

A będzie się trzeba nie dać
Tu kupić poprawić tam sprzedać
Iść z postępem wciąż na lepsze
Nie darmo marnować powietrze.

A żeby się szybko dorobić
Pozbyć się kłopotów i nędzy
Postanowiłem zbudować maszynę
Do produkowania pieniędzy.

Trzeba się nieźle nagłowić
Żeby zielone podrobić

Dolarów są pełne banki
Więc się przerzucę na franki.

Modliłem się zatem do mistrza
Pana Świętego Franciszka
Banknoty pod jego imieniem
Będą miały powodzenie.

Franciszek myślał godzinę
    Dobrze sprzedam ci tę maszynę
    Tylko gdy już się dorobisz
    To mój kościółek ozdobisz
    Ten na górskim płaskowyżu
    Tam w Asyżu.

    Nie ma sprawy rzekłem święty
    Ja poradzę z tym problemem
    Dodatkowo kupię nawet
    Pod nowy kościółek ziemię.

Sprawa poszła tak jak z bajki
Do sejfu sypią się franki
Tryby w maszynie terkocą
Pracują tam dniem i nocą.

Zapomniałem o umowie
Co innego miałem w głowie
Jestem w końcu milionerem
A nie jakimś tam portierem.

Wczesnym rankiem wpada święty
Jakiś wściekły i nadęty
Sytuacją tak wstrząśnięty
I czerwony aż po pięty.

Bardzo mu się nie podoba
Obiecanki niespełnione
Franki zapełniają banki
Niewykonana umowa.

Oj niedobrze święty woła
Nie masz czasu dla kościoła
Wszystko to co obiecałeś
Niestety nie dotrzymałeś.

Spoko Franiu po co rwetes
To mój prywatny interes
Ja haruje w pocie czoła
Nie mam czasu dla kościoła.

Nie kłopocz się nie potrzeba
Znikaj do swojego nieba
I upraszam i nie grożę
Wynoś się bo ci przyłożę.

Święty się za głowę złapał
Nerwy w nim się poruszyły
Zrozumiał że z innej strony
Został na szaro zrobiony.

Wtedy Franciszek zadziałał
Stało się cóż czas mój minął
Kasę z banków ktoś mi zwinął
I skradziono też maszynę.

Nieciekawą miałem minę
Gdy z ambony pastor zawołał
Milionerze won z kościoła

Morał więc wynika z tego
Nigdy nie drwij ze świętego.

Złodziej i ciasne buty

Przykazanie nie kradnij obowiązuje każdego
Lecz niektórzy to lekceważą
I właśnie te złe intencje
Narażają osobnika na tragiczne konsekwencje.

Stary złodziej od Potoku
Kradł solidnie należycie
Od małego do starości
Tak zarabiał na swe życie.

Lecz Pan Bóg najgorszych zmienia
Raz złodziej dostał olśnienia.

Złodziej wpadł na myśl zasadną
Już mam dość niech inni kradną
Żeby zrzucić wszystkie grzechy
Muszę udać się do klechy.

Na ławeczce złodziej siedzi
Liczy grzechy do spowiedzi
Grzechy ciężkie i te słabe
Liczył głośno wkurzył babę
I dostał od baby w lampę
Aż zatoczył się na rampę.

Przyuważył to pastor stary
A więc wyjrzał zza kotary
I zaprosił go do kratki
Więc spowiadaj się gagatku.

Mijają długie godziny
Szepce grzechy i przyczyny
Pastora z głodu w brzuchu ściska
Oglądają się ludziska.

Wreszcie złodziej skończył spowiedź
Pilnie czeka na odpowiedź
A oczekuje pociechy
I jakiejś pokuty za grzechy.

Pastor popatrzył właśnie w górę
I naliczył grzechów furę
Nagle przypomniał pastor złodzieja
Wtedy właśnie to była niedziela
Złodziej pastorowi ukradł buty
Ten przez tydzień boso chodził
I obie nogi odmroził.

I gotowa jest pokuta
Odrzekł pastor   więc złodzieju
    Słuchaj uważnie
    Nie będę się nad tobą znęcał.

    To jest właśnie pokuta dla ciebie
    Wytrwasz w tym znajdziesz się w niebie
    To tak dużo nie potrzeba
    To jedyna droga do nieba.

    Będziesz od dziś w dzień i w nocy
    Chodził w bardzo ciasnych butach
    Czynię sprawę tu ofiarną
    Dostaniesz buty za darmo.

Dobrotliwy kaznodzieja
Zbliżył się do tego złodzieja
I w ramach tej oto pokuty
Założył mu ciasne buty.

Złodziej zrobił się zaszczuty
Dziwna to była pokuta
Nie wytrzymał umarł w butach
I nic więcej nie potrzeba
W ciasnych butach lecz do nieba.

Lalka Ludmiła

Jestem już stara strudzona babka
Wczoraj skończyłam sto cztery latka
Pochodzę z Rosji z dalekiej Moskwy
Przeżyłam wielkie wzloty upadki
Zżółkły też na mnie błękitne szmatki
Ale do góry głowę podnoszę
O nic nie proszę.

Moja legenda sięga aż cara
Życie mi dała kobieta stara
Co pracowała jako krawcowa
Piękna sukienka utkana złotem
I włosy jasne blond szczerozłote
Na nogach butki w szczere rubiny
Zostałam wtedy podarowana
Dla cara córki na urodziny.

W wielkiej komnacie komoda stara
Spałam w łóżeczku wraz z córką cara
Piękna Katiusza dzieweczka mała
Nigdy się ze mną nie rozstawała.

Na carskim dworze dobrze mi było
Było wesoło huczno i miło
Bale zabawy dużo muzyki
Różne tematy od polityki.

Dobrze pamiętam to właśnie latem
Gdy rewolucja wstrząsnęła światem
Widziałam w oknie wielka armatę
Wielki dym objął piękną komnatę.

Do zamku cara wbiegli sołdaci
Ubrani w dziwne czerwone szaty
Wszystko ukradli z naszej komnaty
Wszystko to stało się w jednej chwili
I cara z żoną wyprowadzili
Katia za rączkę mamę trzymała
Chciała mnie zabrać i nie zdążyła
Salwa z armaty wszystkich zabiła.

Leżąc płakałam obok panienki
Co dotykała mojej sukienki
I miałam szczęście bo po kryjomu
Pewna mnie pani wzięła do domu.

Mnie dumną lalę z domu carycy
Wrzuciła do jakiejś ciemnej piwnicy
Płakałam głośno nikt mnie nie słyszał
Pająk nad głową plątał swe nici.

Czasem przebiega kocur czy mysza
Ogromna pustka i dziwna cisza
Kurzem przykryta ale wciąż żywa
Dumna powabna i urodziwa.

Żadnej nadziei znikąd pomocy
Modlę się zatem w dzień płaczę w nocy
Cierpię i Katię miło wspominam
Myślę to koniec ja nie wytrzymam.

Pewnego ranka drzemię w najlepsze
Potężny wybuch rozdarł powietrze
Wszystko do góry poszybowało
Nagle ucichło.

Z tej kamienicy w której mieszkałam
Co do tej pory zapamiętałam
Nic nie zostało tylko dół duży
I same gruzy.

Siedzę oparta pod wielkim drzewem
I własnym oczom pięknym nie wierzę
Mała dziewczynka w czerwonej bluzce
Głaszcze mnie rączką po małej buźce.

    Ty moja lalo krzyczy dziewczynka
    Taki się prezent to rzadko zdarza
I znowu miałam potworne szczęście
Więc zamieszkałam u sekretarza.

Jestem szczęśliwa znów przyznać muszę
Wokoło sami proletariusze
Mam przyjaciółkę imieniem Tania
Ona mnie lubi jest zatroskana
Kładzie w łóżeczku nuci piosenkę
I chorągiewkę wkłada mi w rękę.

I tak mijają kolejne lata

Stanisław Pysek Prusiński

Tania urosła i wyszła za mąż
A moja suknia także wyblakła
Włosy nabrały również połysku
Lecz honorowe miejsce zajmuje
Teraz pochylam się nad kołyską.

Małą Katiuszę w kołysce czuje
Serce z radości aż wyskakuje
I dumę moje serce rozpala
Teraz to jestem babcina lala.

Cukier

Cukier jest wszędzie na każdym stole
W sklepie na polu urzędzie w szkole
W różnych postaciach w całej przyrodzie
Gdyż jest niezbędny i jest na modzie.

Cukier jest słodki i nie boli
Sto procent słodszy jest od soli
Z cukrem trzeba więc uważać
Zbytnio zdrowia nie narażać
I używać go ostrożnie
Umiarkowanie pobożnie.

Mimo że jesteś bogaty
I stać cię na lody w lukrze
Uważaj i nie przesadzaj
Bo się zawiedziesz na cukrze.

Bardzo dobre rozwiązanie
To cukier sprzedawany w czwartki
I do tego pod kontrolą
Na tak zwane zwykłe kartki.

I cukrzyca załatwiona
Chuda córka ciotka żona
Tyłkiem chudym łatwiej kręcić
Znikają braki pamięci.

Weźmy na ten przykład Rosję
Tęgie chłopy baby mocne
Trzaśnie lufę buzię utrze
Dlatego że bimber jest w cukrze.

W Polsce też jest zwyczaj taki
Sadzimy czerwone buraki
Zjadamy je na surowo
Popijając wyborową.

I cukrzyca tu nie grozi
Choć się czasem tyłem chodzi
Po buraku i po miarce
Jest wesoło uczta harce
Wójt dogodził sekretarce
Nie w hotelu lecz na działce.

Co zrobić z nadmiarem cukru
Wiadomo są duże zapasy
Wysłać gdzieś do Afryki
A może podsypać lasy?

A może napełnić katiusze
I już powtarzać nie muszę
Głowice odpalić rakiety
I wysłać na inne planety.

Zwracam się do rządów senatów

Do hrabiów uczonych adwokatów
Musimy od wszystkich grubasów
Wprowadzić niezwłocznie podatek.

Przez cukier są ciężkie czasy
Leniwe się toczą grubasy
Wielkie brzucha ciężkie d...
Ledwie wychodzą z chałupy.

Ciężko dyszą przez cukrzycę
Ociężale niewolnictwo
Bo przez cukier możesz stracić
Ciążę a nawet dziewictwo.

Odejdź cukrze dość obżarstwa
Tylko trochę dla lekarstwa
Niech przepadnie insulina
Niech zdrowo żyje rodzina
Zamiast cukru stosuj sól
Będziesz zdrowo żył jak król.

Myszka i kotek

W maleńkim domku żył mały kotek
Z tatą kocurem mamą kocicą
Babcia przynosi i wlewa mleczko
Prosi go skosztuj mały koteczku.

Mama się łasi do dobrej babci
Czasem gdy babcia zapomni kapci
To tatuś szybko kapciuszki znajdzie
Jest tu przyjemnie wesoło fajnie.

Gdy dobrze przyjrzeć się chacie w ścianie

To ujrzysz dziurkę moje kochanie
I mała norkę tak jak u misi
To jest kryjówka tu żyją myszy.

Mała bezradna z krótkim ogonkiem
W nocy z daleka z dziurki wygląda
To mała myszka czarna jak węgiel
W stronę lodówki często spogląda.

Któregoś ranka tak wyglądała
I dziwne zwierzę wtedy ujrzała
Co to za dziwak i głupie wąsy
Leży i mruczy może jest chory
Może pogłaskać go gdzieś przy uszku
      Co to za spanie wstawaj maluszku.

Lecz instynkt mysi jej nie pozwala
Zapytam mamy co to za zwierzę
Mama wie wszystko ona tam chodzi
I często w kuchni czyści talerze.

Patrzy więc myszka a do kociaka
Podchodzi wielka bura kocica
I coś czarnego wyrzuca z pyska
Chyba zabawkę myślała myszka
I na sam widok dostała czkawki
I też by chciała takie zabawki.

Kotek przeciągnął się na podłodze
Ziewnął głęboko kiwnął paluszkiem
I zobaczyła małe biedactwo
Taka samiutką jak ona myszkę.

Ledwie ją dwoma łapkami dotknął

Pyszczek otworzył i szybko połknął
Myszka uciekła i się schowała
I już do rana nie wyglądała
I z utęsknieniem na mamę czekała.

To jest niedobrze myślała myszka
Spytam się mamy o co tu chodzi
Tak kotek połknął myszkę niebogę
Może kotkowi tylko zaszkodzić.

Późno już w nocy a przy kolacji
Mała myszeczka pyta się mamy
  Powiedz mi mamo czy my w tej kuchni
  Aby dobrego sąsiada mamy?

Tam przy kominku gdzie leżą drzewa
Jakiś puszysty zwierzaczek ziewa
Ale jest głuchy chyba nie słyszy
Mamo widziałam on łyka myszy.

Mysz mama tylko to usłyszała
To aż się z nerwów zatrzęsła cała
  Córuś kochana nie wychodź z nory
  Bo ten zwierzaczek to kot niedobry.

  A jego mama na nas poluje
  Koty to wstrętne okropne zbóje
  Proszę cię córuś unikaj kotka
  On nie żartuje krzywda cię spotka.

Maleńka myszka to zrozumiała
Nigdy już z norki nie wyglądała
Co mama powie to mamie wierzę
Idziemy razem czyścić talerze.

Do końca nie wiadomo

Są dwa końce i początki
Wolność i więzienne kraty
Zwykła dobroć i nienawiść
Cisza grzmoty i powroty
I porażka i zaloty.

Świeci słońce będzie ciemno
Zostać tutaj czy odjechać
Płynąć z falą czy zatrzymać
Kuć żelazo czy przeginać.

Iść na zgodę wybrać walkę
Kupić krzesło czy wersalkę
Smutnym być czy się może śmiać
Bohaterem być czy się bać.

Ważniejsza od teorii jest praktyka
Otworzyć się czy też zamykać
Cóż należy czynić kogo winić
Do końca nie wiadomo właśnie
Czy ktoś to kiedykolwiek wyjaśni?

Uczony i w mowie i piśmie
Nikt taką mądrością nie błyśnie
Wiem wszystko a w rezultacie nie wiem nic
Jak żyć z niepewnością do jutra
A droga skalista i trudna.

Skąd zdobyć pieniądze na pierwszą klasę w pociągu
Czy siedzieć czy stać na przeciągu
Beztrosko i w najlepsze

Wdychać czyściejsze powietrze.

Jak cofnąć dzisiejsze rano
Jak znaleźć jedyną ukochaną
Uciec przed samotnością
By się cieszyć i darzyć miłością.

Podziwiać beztroskich niezwykłych ludzi
Rankiem z radością się budzić
To są wszystkie marzenia jak bańki mydlane
Na wietrze wydmuchane.

Przecinające słoneczne promienie
Tworzące niepowtarzalne cienie
Czas żyje w nas spotykamy go i mijamy codziennie
Niezmiennie.

Wierzymy i nie spodziewamy się
Co może nadejść
Dzisiaj czy jutro z niepowodzenia
I zburzyć wszystkie nasze marzenia.

Na nowo się może pozmieniać
Czy na lepsze i trwalsze doskonalsze
I gesty wdzięczności i słowa
       Od nowa
              Od nowa
                     Od nowa.

Ząbek

Chłopiec miał na imię Oleś
A nazwisko Duża Gęba
Różnił się trochę od innych dzieci

Wiersze nowsze

Z przodu nie miał czego?
                        Zęba.

A historia tego zęba
To aż mrozi krew w żyłach
To zdarzenie nietypowe
Własna ciotka to zrobiła.

Nie wódź mnie na pokuszenie
Lecz opowiem to zdarzenie
Odrzekł Oleś
        Słuchaj koleś.

Do Olesia w dniu urodzin
Przyjechały dwie cioteczki
Jedna dała mu jabłuszko
Druga na plażę majteczki.

Mama ciocia tata Oleś
Wujek Filip ze wsi koleś
Dziadek Kazik i duże psisko
Zagrabili polne rżysko
A wieczorem choć zmęczone
Hop na kąpielisko niestrzeżone.

Na wycieczkę jak w rodzinie
Biorą to co się nawinie
Placki jabłka cztery dynie
Napełnili cztery skrzynie.

Sześć browarków dużą flaszkę
Zapełnili całą taczkę
Wczesny wieczór słońce parzy
Och jak miło na tej plaży.

Stanisław Pysek Prusiński

Oleś pryska się z kolesiem
Siostra jagód szuka w lesie
Tato znalazł w lesie grzyba
Do zupy jutro się przyda.

Wujek Filip dziś ma kaca
Trzy razy ze sklepu obraca
Pląsa mama pląsa tata
I cioteczki już ciapnięte
        Sto lat sto lat niech nam żyje
        Nasze pole dzisiaj zżęte.

Wujek jakieś czary czyni
Oleś zbliżył się do skrzyni
I wesoło dla rozpuku
Znalazł łuk więc strzela z łuku.

W tym momencie ciotka Tyla
Zobaczyła krokodyla
Który wolno od zalesia
Zamierzał połknąć Olesia.

Tyla się nie zastanawiała
Olesiowi łuk zabrała
A że trochę ją kiwało
Obróciła się więc Tyla
Przewróciła na kolesia
I zamiast do krokodyla
Wystrzeliła do Olesia.

Tatko widział co się stało
Szybko pobiegł za tą strzałą
Chociaż dawał susy duże

Strzała uderzyła w buźkę
I wybiła Olesiowi
Przedni ząbek co się zowie.

Tak nietrudno o wypadek
Ciotkę Tylę dorwał dziadek
Tak przetrzepał jej sukienkę
Lecz niechcący złamał rękę.

Dużo dymu jest porządek
Oleś stracił jeden ząbek
A to stało się to wszystko
Przez to głupie kąpielisko
I jak wszystkim to wiadome
Kąpielisko niestrzeżone.

Biedna ciotka nasza Tyla
Do dziś widzi krokodyla
Słyszy również dużo huku
Jak strzelała wtedy z łuku.

Dziadek odrzekł   drogi wnuku
    Ty też nie używaj łuku
    I pamiętaj miej rozsądek
    Możesz stracić drugi ząbek.

    To się dziadku nie powtórzy
    Jestem Oleś Gęba Duży.

Anioł Stróż i Zuzia

Dnia pewnego mała Zuzia
Modliła się do anioła stróża
    Mój aniołku dobry stróżu

Namów moją mamę dużą
Może jutro albo dzisiaj
Żeby mi kupiła misia.

Misiek może być brązowy
Albo nawet kolorowy
Może z plamą być na nosku
Dziś widziałam takie w kiosku
    Proszę mamusiu kup mi misia.

Mama nawet nie spojrzała
W te słowa się odezwała
Droga Zuziu miś kosztuje
Pogłaskała Zuzi włosy.

    Zrozum dziecko za te pieniądze
    Kupię sobie papierosy
    Nerwy uspokoić muszę
    Przy tym swoją słabą duszę
    To ważniejsze jest od misia
    Nie kupię ci misia dzisiaj.

Anioł Zuzi sprawę mierzy
Bardzo ważna jest i duża
To ode mnie nie zależy
Mama ma swojego stróża
Zatem pomódl się do niego.

Zrozumiała mała Zuzia
Modli się do mamy stróża
    Duży aniele stróżu
    Ty pilnujesz mojej mamy
    Może ty zaradzisz dzisiaj
    Może zamiast papierosów

To mi mama kupi misia.

Mamy anioł stróż pomyślał
I obrócił się na pięcie
    Porozmawiam z twym aniołem
    O misiowym twym prezencie.

Zuzi stróż i stróż mamusi
Bardzo szybko się spotkali
Dwie minuty coś szeptali
I widzicie i cud mamy.

Mama cofa się od bramy
I kupuje dziecku misia
Zuzia daje buźki mamie
Bierze miśka w swoje rączki
I na buzi małej Zuzi
Czerwone wyrosły pączki.

Kurczowo trzyma mamusi rękę
I taką nuci piosenkę
Mój drogi kochany misiu
Dzięki wam anioły stróże
Niech wam Bozia wynagrodzi
I da zdrowie bardzo duże.

Świnka

Świnia wiadomo że jest zwierzęciem
Ale ogólnie świńskie pojęcie
Dotyczy również prawdy niestety
Naszej kochanej ziemskiej planety.

Świńskie rozrywki ryjskie zabawy

Stanisław Pysek Prusiński

Świńskie spojrzenia uśmiech świniowy
Czasy Noego egipskie rzymskie
Bywały również zwyczajnie świńskie.

Na stole prosiak przy stole świnia
Nawet pod stołem świniak się ślini
Tak to jest prawda już od zarania
Jak nam zależy na takiej świni.

Trudno dodawać dzielić czy mnożyć
Lecz bardzo łatwo świnię podłożyć
Świnia w rodzinie we własnym domu
Cicho zwyczajnie czy po kryjomu.

Ten co podłożył w piersi się bije
Przeklina płacze i kręci ryjem
Co na to świnia? Kto ją podłożył?
Świnię podkładał starości dożył.

Podłożyć świnię to nie jest sztuka
Na targu świnki tłustej poszukaj
Cichaczem podrzuć ją do sąsiada
Zaczekaj tydzień nie rozpowiadaj.

Za tydzień efekt jest murowany
Świnia zniknęła sąsiad pijany
Piesek sąsiada je świńskie skwarki
Krew ci wzburzyło przeszły cię ciarki.

Głowa ci ciąży jak kamień młyński
Żart nawet niezły zwyczajny świński
Przeproś sąsiada a jego żonie
Kup świeże kwiaty w białym wazonie.

Przykładów świństwa mnoży się wiele
Świńskie dowcipy kawały z ryja
Świnia jest smaczna w różnych postaciach
Więc napisałem zamykam ryja
Bardzo przepraszam za brzydkie zdania
To już jest koniec opowiadania.

Razem

Jesteśmy Teresko ze sobą
Już trzydzieści siedem lat
Myślę o Tobie kochana
Od wieczora do rana
I w dzień i w południe
Uśmiechasz się cudnie.

Nos

Głowa na górze na głowie włosy
Buzia po środku a w buzi głos
Czy ktoś pomyślał jak ważną funkcję
Spełnia wyrosły na środku nos?

Ile na głowie policzysz włosów
Tyle istnieje rodzajów nosów
Nosy potężne noski maleńkie
Długie owalne szerokie proste
Dobrze mieć nawet tak dla ozdoby
Na czubku czarną czy siwą krostę.

Zwróć więc uwagę mówię w podzięce
Tyle zostało już powiedziane
Noski dziewczęce piękne powabne
Zadarte w górę i delikatne.

Nos pełni w życiu różne zadania
Do oddychania i do wąchania
Noski cieplutkie nosy kochane
Są w zimie zmarznięte i zasmarkane.

Tworzą dla twojej buzi ozdobę
Nos twój pracuje przez całą dobę
Gdy zrobisz bąka niepostrzeżenie
To on wyczuje i się nie uda
I trochę wstydna buzia jest cała
W cztery sekundy poczerwieniała.

A gdy to stanie się przy teściowej
Jesteś spalony i wszystko z głowy
I nie powtarzaj nie idź za ciosem
Wpuść sobie krople nie igraj z nosem.

Kto ma przepraszać za zachowanie
Buzia czy nosek?

Czasem choć bardzo jesteś ciekawy
Nie wtrącaj nosa w nie swoje sprawy
Bo może trafić cię w nosek kosa
Będzie ci głupio żyć tak bez nosa.

Zaorał nosem wracał z prywatki
Nos bardzo siny bo wąchał kwiatki
Nazajutrz tata z wielkim kulfonem
Mina skruszona merda ogonem
Pysk oklejony bandaż na nosie
Cały spuchnięty nosate prosie.

I tu się spotyka z kolejnym ciosem

Teściowa drzwi mu trzaska przed nosem
Tak już przepadło stop tolerancji
Już dwa miesiące żyje na stancji
I nos na kwintę spuścił zięciulo
Razem z cebulą.

Na nos uważaj lepiej nie kłamać
Może się zdarzyć można go złamać
Nawet i własna żona to sprawi
Gdy się zapomnisz w barze zabawisz.

Zdarza się czasem gdy pleciesz bzdury
Nos ci się wyciąga idzie do góry
Na wszystkie kłamstwa
Dziwi to państwa.

Okropny pomysł

Zięć pomyślał kiedyś sobie
Wiem co teraz właśnie zrobię
Kupię żmiję z długim ryjem
Jak się znudzi to zabiję.

Biegnie więc do zoologika
I o żmiję z ryjem pyta
Żeby z nią mógł w berka grać
Forsę ma a więc go stać.

Sprzedawczyni rozogniona
Oferuje mu pytona
Gdy urośnie i z potrzebą
Połknie kogoś ujrzy niebo
Lecz on gada się nie boi
Kupi go i po to tu stoi.

Więc zakupił węża gada
Żona mruczy i w złość wpada
Ale w końcu zrozumiała
I o sprawie zapomniała.

Diabeł ciągle mu coś radzi
Może pyton coś poradzi
Postraszy ryjkową michą
I teściowa będzie cicho.

Niezły sposób tak być musi
Więc teściową kiedyś skusi
I pogłaszcze kiedyś gada
Choć tak myśleć nie wypada.

A mamusi źle nie życzy
Ale kiedy się mama nabzdyczy
Głośno piszczy bije krzyczy
Robi brzydkie na nim właśnie
Takie rzeczy aż zięć przygaśnie.

I się stało tego ranka
Przesunęła się firanka
Wtedy to podczas śniadanka
Mama tak się uśmiechnęła
Pokrywę z akwarium zdjęła.

Pyton zaśmiał się do mamy
Zięć zzieleniał wskoczył w ramy
Dostał drgawek wielkiej czkawki
I wtranżolił się w zabawki.

Jeszcze gorzej bez pojęcia

Zamiast mamy połknął zięcia
Lecz go wypluł bo się brzydził
I trochę mamy się wstydził.

Babcia przestawiła laskę
I przyniosła z barku flaszkę
I z pytonem po połowie
Wypiła za zięcia zdrowie.

Teściowa radości nie kryje
Zięć wyrzekł się wódki nie pije
Ale się ze wstydu wije
Dość ma żmii z długim ryjem.

Królowa Izabella

Izabela oczkiem strzela
Lubi tańczyć na weselach
Śliczna buzia zgrabne nóżki
Włosy blond i te cycuszki.

I tak dalej i tak dalej
Chłopcy aż powariowali
Każdy chciałby ją uwodzić
Każdy chciałby z panną chodzić.

Tak uroda jej ujmuje
I miłości potrzebuje
W oczach czarnych dziwny błysk
Gdy za dużo więc pozwolisz
Może również trzepnąć w pysk.

Dnia pewnego od Dąbrówki
Iza przeganiała krówki

I śpiewała dolo hulu
> Jestem duża i dlatego
> Czekam na pana pięknego.

Wróżka to wszystko słyszała
Księcia jej wyczarowała
Piękny książę na koniku
Zatrzymał się przy zagajniku.

Na dzieweczkę się zapatrzył
Wrócił nazajutrz i się oświadczył
I to już prawie wszystko
Odbyło się weselisko
Wszyscy młodych pozdrawiają
I do pasa się kłaniają.

Minął jeden roczek trzy
Izabela pieści dzieci
Dzielna miła piękna harda
Kocha Króla Pierwszego Ryszarda.
I w tydzień za jego namową
Została nową królową.

Kiełbasa

Kiełbasa to mięso wciśnięte w roleczki
Zmielone pocięte na małe paseczki
Kiełbasa istnieje tysiące już lat
Używał i smakował ją ojciec i brat.

Lubią ją sąsiadki matka Władka
I stara licha babka
W naszym czasie po kiełbasie
Po kielichu i po cichu

Oficjalnie nie po kryjomu
Kiełbasa jest w każdym polskim domu.

Przy kiełbasie się nie pali
Po kiełbasie się nie chwali
Kiełbasą jak się napchali
To i za łby również się brali.

Żyć więc trudno bez kiełbasy
Takie życie takie czasy
Nie wstydzę się twierdzę śmiele
Kiełbasy rodzajów jest wiele.

Kiełbasa krzywa rańska
Sucha podhalańska
Dla biednych bez mięsa
Nadzwyczajna zakrapiana serem
Krakowska mocna wrocławska
Z mąki z gotowym chlebem
Z herbatą co ty na to?
Nie licząc to tak się wydaje
Sto czterdzieści trzy rodzaje.

Kiełbasę możesz jeść z chlebem
Wszędzie w domu pod gołym niebem
W mieście i na wiosce
Tylko nie w poście.

Jest kiełbasa jest zabawa
Zastawiona suto ława
Nie narzekaj stawiaj miarkę
Zrobimy pod kiełbasę ćwiartkę.

Po kiełbasie nie ma kaca

Ona stół ci ubogaca
Po kiełbasie jesteś syty
I masz pociąg na kobity.

Nie przesadzaj z jej ilością
Nie łykaj kiełbasy z kością
Na uczcie czy na polu
Teraz coś o cholesterolu.

Cholesterol ci się zbierze
I miejsce w żyłach zabierze
Nie jedz dużo pod przymusem
Lecz zakrapiaj spirytusem.

Usiądź wieczorem przy grillu
Pięć flaszeczek na ozdobę
Pięć kilo kiełbasy na osobę
Nie popijaj ani razu
Śpij spokojnie nie rób gazu.

Renek i Zuzia

Ta opowieść tak jak wiele
Innych historyjek opowiada
Jak to panna skuła chłopcu ryjek
Ku przestrodze dla cwaniaka
To zrobiła panna taka.

Przyjechała Zuzia na wakacje
Do cioci na wioskę
Odwiedziła wujka Kazia babcię
Mamy siostrę.

Pewnego poranka wybrała się na łąkę

Rwie kwiaty na wianek
Nie wiedziała że gdzieś w krzakach
Zaczaił się Renek.

Renek chłopak rosły
Miał dwadzieścia latek
Szkoły nie dokończył
Nie lada gagatek.

Chodził zbijał bąki
W godziny poranne
Gdy nagle na łące
Ujrzał śliczną pannę
Pomyślał urwipołeć
Postraszę tę pannę.

Zuzia podśpiewuje
Wije piękny wianek
Wtem z gęstego zagajnika
Wyskakuje Renek.

Zuzia tego chłopca
Nigdy nie widziała
Pomyślała o najgorszym
Zbladła aż struchlała.

Pomyślała szybko
Trzeba by się bronić
Pewnie to jakiś zboczeniec
I będzie ją gonić.

Więc krzyknęła głośno
    Nie zbliżaj się chłopcze

Bo źle to się może skończyć
Zaraz ci dołożę.

Renek głośno się śmieje
I bardziej się zbliża
    Uważaj ty moje złotko
    Byś mnie nie ugryzła.

    To ja cię ugryzę
    Myślę i tak czuję
    Zaraz cię dopadnę
    To cię pocałuję.

Zuzia jeszcze raz ostrzega
    Nie zbliżaj się chłopcze
    Lepiej stąd się zwijaj
    Bo nie będę już żartować
    I ci stłukę ryja.

Nigdy nie pomyślał Renek
Że to właśnie cudo
Że drobne śliczne dziewczę
Ćwiczy boks i dżudo.

Zrobił cztery susy
I trzy skoki duże
Wyskoczył do przodu
Chciał pochwycić Zuzię.

Zuzia się wygięła
Dziwnie i jak faja
Z prawej nogi z półobrotu
Trafia chłopca w ja...

Renka tak przegięło
Z bólu się wywija
Moment koncentracji
Z lewej dostał w ryja.

Renek padł na ziemię
I o litość prosi
      Nie bij mnie już proszę dosyć
Z płaczem składa ręce.

Tak bardzo przeprasza
Już nie będzie brykał
Chyba bardzo go w dole boli
Ze strachu się zsikał.

      Będziesz więc pamiętał
      Ty łobuzie duży
      Nigdy nikogo nie będziesz straszył
      Ani czy też Zuzi.

      Dam ci też na głowę
      Ten mój śliczny wianek
      By słabszego nikt nie straszył
      Jakiś dziki Renek.

To opowiadanie jest bardzo uczące
Że nie wolno więc przeszkadzać
Rwać kwiatów na łące
Bo można popaść
W niezłe tarapaty
Nie przeszkadzaj więc na łące
Panience rwać kwiaty.

Wyssane z palca

Przedziwne historie niezwykłe
Zdarzenia tragedie wesela
Czy chrzciny brewerie
Jak taniec na palcach
Czasami jest prawda
Wyssane jak z palca.

Historia niezwykła nie z palca wyssana
Dotyczy dziewczynki imieniem Melania
Pewnego wieczoru gdy do snu się kładła
Zerknęła w okienko i nagle pobladła
Ujrzała że w dziurę na podwórku
Jakaś pani wpadła.

Pobiegła do mamy szybciutko na górę
I głośno krzyknęła
      Pani wpadła w dziurę!

      Co ty dziecko mówisz mama powiedziała
Znowu jej się śniło i z palca wyssała
Myśli sobie mama dziś trzynastego marca
Pomyślała sobie to wyssane z palca.

Dziewczynka nie poprzestaje
      Pani jest tam w dziurze
      Mamo ja to widziałam
      Tu o na tym murze.

Mama więc pomyślała tak hydraulicy
Oni wczoraj coś na ulicy pewnie naprawiali
Chyba nie dokończyli robotę spaprali.

Wybiegła mama na ulicę zobaczyła dziurę
Zajrzała do dziury pani chyba żywa
Na samym dole krzyczy i w wodzie pływa.

Trzeba szybko ratować wpada do sąsiada
Obudziła wujka stryjka oraz swoją matkę
I wspólnymi siłami ratują sąsiadkę.

Dumni z małej córeczki jest mama i tata
Wyjechali na wakacje jeszcze tego lata
Sąsiadeczka ta która upadek przeżyła
Melani w prezencie sukienkę kupiła.

Posłuchajcie więc czasem i małego malca
Bo wszystkiego co mówi nie wysysa z palca.

Zabłąkany osiołek

Wyszedł cichutko z zagrody
O porannym brzasku
Niestety pomylił ścieżki
Zabłąkał się w lasku.

Zostawił tatę osła
I mamę oślicę
Pomyślał jestem duży
Zwiedzę okolicę.

Martwi się osiołeczek
I merda ogonem
Dziwi się jak w tym lasku
Jest wszystko popstrzone.

Jakieś dziwne potworki

Stanisław Pysek Prusiński

I małe i duże
Osiołkowi ze zdziwienia
Wykręciło buzię.

Nagle powietrze rozdarł
Ryk potężny srogi
Malec stanął jak wryty
Zdrętwiały mu nogi
Wielki zwierz się wytoczył
Na sam środek drogi.

Lew zamilkł ze zdziwienia
Grzywa mu urosła
Co to za stworek cudaczny
Lew nie widział osła.

   Nie rób mi panie lwie krzywdy!
Skrzeczy oślim głosem
Łzy mu cieką po brodzie
Bąbelki pod nosem
   Pewnie mnie teraz połkniesz
   Stracę mamę tatę
   Nigdy do tego lasku
   Nie przybiegnę latem.

Osiołek nie skończył prosić
Nowa postać z lasu
Wybiega wielki niedźwiedź
I swoim wielkim cielskiem
Uderza na lwa.

Wywiązała się walka
Straszny tumult się zrobił
Koziołek gorzej jeszcze się przeląkł

Pod ogon narobił.

Powinienem uciekać
Ale ciekaw końca
Wiadomo osioł jak osioł
Walki nie ma końca.

Nie pomyślał biedaczek
Uciec jedna rada
Nie przewidział jednego
Że wilk gdzieś się skrada.

I nie trudno przewidzieć
Wilk schwytał osiołka
Zawlókł do swojej jamy
Wrzucił do kociołka.

I wiadomo jak się skończyła bajka
Moje drogie dzieci
Dwóch walczy o jednego
A korzysta trzeci.

Wszystko się może zdarzyć

Nigdy nie wiesz co nastąpi
Co cię dzisiaj spotka
Możesz nawet zwichnąć nogę
Stracić pracę zapomogę
Strzelić gafę złapać gumę
Wyjechać wygrać fortunę
I tak dalej i tak dalej.

A czas pędzi nagli pali
Co niektórzy zwariowali

Stanisław Pysek Prusiński

Zazdrość radość brak pamięci
Kombinujesz zmyślasz kręcisz
Kusisz wodzisz i marudzisz
Przy tym bardzo się utrudzisz.

A dlaczego i po co?
Mały duszek błądzi nocą
Na błękitnym nieba splocie
Gdzieś gwiazdeczka zawiruje
Księżyc zakrył twarz w ciemnocie
Rankiem dumne wstają zorze
Więc zatrzymaj swoje oblicze
Przyjrzyj światu mocny Boże.

Święta Pani z Częstochowy
Naszej dumy chrześcijańskiej
Szept modlitwy gdzieś od Litwy
Polskiej i amerykańskiej.

Pomyśl więc dorosły smyku
Matka Boska ta z Meksyku
Święta Boża Rodzicielka
Jest wspaniała dobra wielka.

Kiedy dusza bywa słaba
Ona zawsze nam pomaga
Ona nam kształtuje życie
Za dnia nocą i o świcie uwierzycie
Czas wam będzie godnie płynąć
Z Matką nie możemy zginąć.

Boże Święty Stwórco Świata
Choć los czasem figle płata
Wszyscy razem zgodnym chórem

Z nadzieją patrzymy w górę.

Zło czai się

Kto widział szatana?
Może w noc ciemną za dnia
Wiadomo przecież że to duch
Nie daj się nabrać
                Bo ci duszę może zabrać.

Szatan pojawia się wszędzie
W ogrodzie w kościele na urzędzie
Działa ujemnie na słabsze umysły
Rzucasz się wtedy do Wisły.

Szatan stara się pogmatwać
Twoje dobre plany
Nie jest tak źle walcz z nim
I nie bój się go kochany.

Gdyś z Bogiem na jednej drodze
To diabeł choć piszczy i wyje
Na pewno ci nie da rady
I w duszę się twoją nie wbije.

Ostrzegam więc siostry i braci
Gdyż szatan ma wiele postaci
Jest chciwy przebiegły i głupi
Gdy zmiękniesz on duszę twą kupi
On zwiedzie cię i nie zapłaci
Przez niego zbawienie utracisz.

Twardowski intencje miał czyste
Długo walczył z antychrystem

Wygrał bo miał mądrą żonę
Szatan uciekł i skończone.

Więc módl się i pracuj mój panie
A ty to mnie nie kuś szatanie
Bo Pan Bóg jest mój i jest wielki
Ugasi twoje czarne węgielki
Więc zamknij się gdzieś do butelki.

Nasz świat

Nasz świat widzialny jest poznawalny
Nieokreślony i tak stworzony
Pełen nadziei ciepła prostoty
Miłości bezwzględnej bezkresnej tęsknoty.

Piękna ziemio czujna bryło
Żyć i marzyć tutaj miło
Taka jesteś cudna cała
Z lotu ptaka taka mała.

Otulasz ciepłotą i żywisz stworzenia
Czas się zmienia tyś niezmienna
I codzienna prosta żywa
I radosna życiodajna
Dostojna słowem fajna.

Bóg w zamysłach nie poprzestał
Wszystko nam do życia zesłał
Ogniem wodą obdarował
Stworzył czasu nie żałował
Las i wodę człowieczeństwo
Tak na swoje podobieństwo.

Cóż chcesz więcej o czym marzysz
Wszystko w życiu możesz mieć
Musisz tylko mocno wierzyć
Musisz tylko tego chcieć.

Świat przed potopem był bardzo prosty
Na naszej ziemi rośliny rosły
Dziwne zwierzęta i tak to było
Lecz w pewnej chwili wody przybyło.

Pozostał Noe i jego arka
Bóg tak zrządził i jego racja
Ku chwale Bożej
Powstaje nowa cywilizacja.

Dziewczyna i ocean

Ziemia się kręci świat się rozwija
Zegar wciąż nowe godziny liczy
Po niebie krążą wielkie maszyny
Na oceanach okręty arki
Ludzie pracują czasu nie mają
A jak się zmęczą odpoczywają.

Gdzieś na okręcie na oceanie
Brylant potężny statek fale rozpruwa
I w otchłani wodnej wartko posuwa
Zajrzyj do środka tysiące ludzi
Brzask ich do życia o świcie budzi.

Jak w dużym mieście życie się toczy
Wszyscy weseli błyszczą im oczy
Tu na pokładzie tak wczesnym rankiem
Widzę kochanków twarze rumiane.

Objęci czule i w dal wpatrzeni
Oni dla siebie tylko stworzeni
By wypoczywać i leniuchować
Ktoś na to musi wszystko pracować.

Mili panowie i piękne panie
Wspaniałe gesty proszę śniadanie
Obiad kolacja piękna muzyka
Teatr rozrywka żarty dancingi.

Nawet kasyno kusi fortuną
Zatańczysz walca na samych palcach
Nikt nic nie powie
Tańczysz na głowie.

Piękna dzieweczka jej duże oczy
W tyłu główeczki czarny warkoczyk
Sylwetka szczupła uśmiech na buzi
Więc musisz patrzyć ona cię skusi
Choćbyś kamieniem był to cię poruszy..

Kolacja niczym noc świętojańska
Taka przyjemna i wielkopańska
Dziewczyna piękna nasza słowiańska
Nas towarzystwem swoim zaszczyca
Gdzieś z Europy od Mickiewicza
Polskiego wieszcza pana Adama
Tak jak w poezji tak to ta sama
Nalewa wino
              Czy jest szczęśliwa?

Piękna dziewczyno
Być może tęsknisz za swoją rodziną

Za swoim krajem kwiatów ogródkiem
Za Mickiewiczem za Nowogródkiem.

Nasza Kasieńko jesteśmy z tobą
Jesteś tak dla nas ważną osobą
I dziękujemy tobie za wszystko
I za opiekę i towarzystwo.

W naszych wspomnieniach Brylant zostanie
Zapamiętamy spokojne fale
Piękną pogodę i wschody słońca
I śliczne niebo co nie ma końca.

Ogień

Igranie z ogniem nie jest bezpieczne
W teraźniejszości i we wieczności
To tak gdy pustki świecą na stole
A zaprosłłeś na ucztę gości.

Ogień skrzywdzić może niestety
Nieumiejętnie stosowany
Może poparzyć spalić doszczętnie
Stworzyć na ciele okropne rany.

Płonie uczucie ogień wyzwala
Więc nie narzekaj i pójdź za modą
Rozpalaj w sercu młodej kobiety
Ogień miłości lecz nie gaś wodą.

Dodaj do ognia nowego ognia
I gwarantuje wtedy się zmienisz
Może zmądrzejesz wtedy dorośniesz
Może się nawet szybko ożenisz.

Gdy jest gorąco to mózg umiera
Przykładaj waści okłady zimne
Rozweselejesz to poskutkuje
Życie jest prostsze ciekawsze inne.

Podpadziocha Wacek

Co za świntuch rzecze tata
Opluł siostrę wczoraj brata
Ciągle ten się zawsze ślini
Marsz do świni.

Łypie okiem z prawa z lewa
Wolno powlókł się do chlewa
Oparł się na zgniłym słupku
   Masz za swoje przygłupku
Jakaś świnia się odezwie
   Zgnijesz gnoju w tym to chlewie.

Jakoś mu się i nie wiedzie
Z obornika skunksem jedzie
A więc cichaczem po kryjomu
Szybko zwija się do domu.

A była to wtedy jesień
Zapalniczkę bierze w kieszeń
I ostrożnie tak po cichu
Zechciał ogrzać się na strychu.

Suche deski szmatki blisko
Wnet rozniecił tam ognisko
Trochę słomy i dym taki
Wrzucił w ogień dwa ziemniaki

Rozglądał się na strony
Dumny i zadowolony.

Szczęście tylko chwilę trwało
Tata wpada z dużą pałą
Więc z pamięci mu wyleciało
Nie wie co się później działo.

Muszę prawdę wam powiedzieć
Na tyłku nie mógł usiedzieć
Teraz moczy tyłek w misce
Przyglądając się kołysce
Wtem się raptem przekręcił
Siostrę z wózka wyrzucił.

Mama go ręcznikiem biła
Aż się cała tak spociła
Połamała na nim szczotkę
Aż zabiła białą kotkę.

Tak go tłukła aż płakała
Gibła się nogę złamała
Pogotowie przyjechało
Do szpitala ją zabrało.

Oj jak boli oj niedobrze
Tatko pierze go na kołdrze
Łezki ciurkiem płyną z maski
Pasem tyłek pociął w paski
Dla takiego więc bękarta
Własny ojciec nie ma łaski.

A więc leżał dwa tygodnie
Trochę było niewygodnie

Siny tyłek wąskie spodnie
Trochę kuso i niemodnie.

Gdy się trochę wykurował
Znów nie bardzo się sprawował
Ugryzł wuja kopnął ciotkę
I o brata złamał szczotkę.

Pierwsza druga trzecia klasa
Tatko nie żałuje pasa
Coś na lekcji pani chrzani
On dobiera się do Hani
Jedna wpadka druga wpadka
Dzisiaj tatko jutro matka.

Pani wpadła w wielką złość
I wrzasnęła tylko dość
Won mi z klasy ty bękarcie
Rzuć się świniom na pożarcie.

Jakoś dziwnie on to odczuł
Podskoczył i panią opluł
Dobrą panią od polskiego
Nie pamięta jak się stało
Dyrektor go walnął pałą
Aż mu w środku zabuczało
Cały dzionek szedł do domu
Płacząc cicho po kryjomu.

W domu rwetes straszna draka
Oddano go do poprawczaka
W poprawczaku wczesną rosą
Znów zawadził gościa kosą
Prokurator się zdenerwował

Do więzienia go skierował.

Tu dorosły Wacek z Wólki
Wali wódę pali lulki
Żarcie darme nie kupuję
Tylko się resocjalizuję.

Tu ma dobrze tu dorasta
Z dala od wsi i miasta
W tym odległym zagajniku
W głuchej celi na nocniku.

Nikt tu już nie robi łaski
Nie miał nigdy żadnej laski
A dlaczego tego świnia
Bywa tak gdy się przegina.

Więzień z przypadku

Życie różne barwy zmienia
Można trafić do więzienia
Dadzą jeść pracować każą
I nawet jesteś pod strażą.

Wiesiek lubił polowania
Chodził z dziadkiem od zarania
I na sucho nie wracali
Zawsze coś upolowali.

Dziadek raz indyka trafił
Połknął kość i się udławił
Dostał Wiesiek stare łóżko
I koszulę z dużą muchą
Oraz strzelbę z krzywą lufą.

Wiesiek został pali trawkę
W lesie czasem strąci kawkę
Bywa że się zając trafi
Stara się tak jak potrafi.

Dziś mu się w nocy przyśnił dziadek
W lesie Wiesiek miał wypadek.
To przez strzelbę z krzywą lufą
I nie uszło mu na sucho.

Strzelba stara oczy słabe
Zagapił się postrzelił babę
I po prostu przez przypadek
Porysował jej pośladek.

Choć przeprosił ranną babę
Dał w prezencie tłustą żabę
Nie ustrzelił już jelenia
Wsadzili go do więzienia.

Z dala od rodzinnej chatki
W więzieniu podlewa kwiatki
I nie uszło mu na sucho
Przez tą strzelbę z krzywą lufą.

To przestroga dla myśliwych
Nigdy nie mierz za wysoko
Pocisk czasem lot swój zmienia
Możesz trafić do więzienia.

Orędzie
Świat ogólnie jest ciekawy

Są ważne i mniej ważne sprawy
Obowiązki odpoczynek praca
Nasze życie ubogaca.

Przestrzeń niebo strach zaloty
Wzloty grzechy i upadki
Ziemia żywi pielęgnuje
Pełni bowiem rolę matki.

Tak potężna wielka kula
W swej dobroci nas utula
Z dalekiej przestrzeni wzięta
Wyniosła dumna i święta.

Ludzkość z samego zarania
Zadaje niezwykłe pytania
Doszukuje się nonsensu
Że to wszystko nie ma sensu
Kto tak myśli to jest w błędzie
Zrozumie jak pojmie orędzie.

Więc należy dużo czytać
Kochać witać czynić dobrze
Nie spać pod łóżkiem na kołdrze
Nie płakać pomagać matce
Pracować nie dawać się biedzie
Nie narzekać jakoś to będzie.

Żyrafa i słoń

Dziwaczne nazwy różne epoki
Epoka konia kury czy foki
Żaby wałkonia trąby ćwierćwiecza
Czy średniowiecza?

A średniowiecze na samym końcu
Piękna żyrafa leży na słońcu
Na złotej plaży ciało swe smaży
Fale pluskają żyrafa marzy.

O żyrafinie na pięknym błoniu
O długim białym srebrnym welonie
Apartamentach wysokich szafach
O pięknych dróżkach siostrach żyrafach.

W tym samym czasie do wielkiej wody
Zbliżał się wolno słoń wielki młody
Trąba wspaniała w górze wisiała
Widząc ocean twarz mu się śmiała
Upał dokuczał w upalny dzień
Muszę się napić i pójdę w cień.

Potężny kolos idąc na rafę
Zawadził nogą o miss żyrafę
Która niedbale podniosła szyję
Co to takiego z tak długim ryjem.

Słoń zaś zrozumiał że strzelił gafę
Szybko przeprosił piękną żyrafę
I zadął w trąbę we wszystkie miechy
Z wielkiej uciechy.

Żyrafa wstaje na środek drog
Kręcona trąba potężne nogi
A jeszcze bardziej i większa bomba
Na dole wisi mu druga trąba
Wielki i kuty na cztery nogi
Piękne dwie trąby o Boże drogi.

Słoń stanął wryty tak się zapatrzył
I się żyrafie zaraz oświadczył
Żyrafa tylko szyję przegięła
I oświadczyny słonia przyjęła.

Huczne wesele więc się odbyło
Żyraf i słoni się naschodziło
I polewano wodę do rana
Czterysta tysięcy litrów szampana.

Słoń i żyrafa za rok na błoniach
I nie od razu spłodzili konia
Prawda jest taka
        Najpierw źrebaka.

Młoda i hrabia

Ona młoda a on stary
Grzmią trębacze rżną gitary
Orszak ślubny dumna ona
Uśmiechnięta podniecona
Przez hrabiego poślubiona.

Stary hrabia zwykła zrzęda
Bogaty tak sądzę
Kupił piękne dziewczę młode
Za przodków pieniądze.

Dwór wyniosły konie osły
Zastawiony stół i świece
Młody żonkoś setka pękła
Smacznie śpi za piecem.

Cóż ma robić młoda żona
Przez starego poślubiona
W nockę tę niedoceniona
Więc flirtuje z młodym hrabią
Ten całuje jędrne piersi
Korale go wabią.

Pan obudził się przypadkiem
Wchodzi do komnaty
W tym momencie młody hrabia
Zdziera z panny szaty.

Tak tragicznie się skończyło
Hrabia padł strapiony
Już mu teraz wszystko wisi
Odszedł w dal wkurzony.

To jest właśnie dlań nauczka
Żeby los odmienić
Trzeba gdy ci już dojrzewa
Szybko się ożenić.

Tak nie jeden to przegapił
Gdy się nie posłuchał
I dlatego w noc poślubną
Umarł i nie dmuchał.

Dorobić się

Dorobić zarobić zachować
Pomnożyć podzielić i w górę wystrzelić
I ciągle to dalej kołyszesz się na fali hałasu
Korzystaj nie marnuj więc czasu.

Udało się pomnożyłeś fortunę
Poznałeś ładne dziewczyny
Zwiedziłeś egipskie ruiny
Targowałeś się z czasem
I nawiasem świat zwiedziłeś
   Czy jesteś dumny z siebie?
   Czy się dorobiłeś?

Czy spełniłeś zachcianki
Nowo poznanej kochanki
A może zerkasz zza firanki
Na komornika z łapanki.

Czy teraz stać cię na chleb z zakalcem
A gdy byłeś malcem marzyłeś o hulajnodze
I kupił ci tato na urodziny
Ze skromnej robotniczej dziesięciny.

Teraz już nie pamiętasz
Jak na jednej nodze śmigałeś dróżką
Podpierając się drugą nóżką.

Teraz gdy się wzbogaciłeś
Jesteś burmistrzem czy merem
Masz własny samolot a twój tato
Jeździ zwyczajnym rowerem.

Zapomniałeś o siostrze i matce
Mieszkającym gdzieś w małej klatce
Bez wody i środków do życia
I bez maszyny do szycia.

Coś tu jakoś nie pasuje i nie gra
Czy aby nie trzęsie cię febra.

Czy gdy się bawisz się na balu
Nie masz wewnętrznego żalu
Ty nigdy biedny nie byłeś
Po prostu się dorobiłeś.

Chciałbyś jeszcze więcej
I więcej mieć własnej kasy
Kupić pola naftowe
Ty nie możesz teraz przestać
Ciebie na to nie stać.

Może byłeś inny ludzki i rodzinny
Gdy się dorobiłeś uczucie straciłeś.
Co tam protesty jakieś dziwne gesty
Ludzi oszukanych z innej niższej sfery
Zwykłych zjadaczy chleba
Nie okradaj bądź bardziej ludzki
Czy tobie coraz więcej potrzeba
I tak nie zabierzesz wszystkiego do nieba.

Nie więcej to samo otrzymasz za bramą
Czyś biedny bogaty czy sobek
Tam liczy się miłość odwaga roztropność
Niż jakiś tam ziemski dorobek.

Ubóstwo i dobrobyt.

Wiadomo że ubóstwo
To stwór biedny odziany w łachmany
Głodny bosy posępny jakiś niedospany
A dobrobyt jak zwykle ubrany w piękne szaty
Syty chytry zazdrosny i bardzo bogaty.

  Wywodzę się z biedy twierdziło ubóstwo

Obce mi są kradzieże machloje oszustwo
Ubogiego zrozumiem nakarmię pomogę
Gdy ktoś czasem zabłądzi wskażę dobrą drogę.

Dobrze odrzekł dobrobyt ze mną jest inaczej
Ludzie na mnie pracują używam nie płaczę
Ja brzydzę się biednych wcale się nie przejmuję
   Gdy czasem oszukam
Dobrze mi się powodzi i nic mnie nie wzrusza
Jestem zatem szczęśliwy ze mną moja dusza.

Tereska z Mocarzy i Zenek z Burzyna

W życiu może się wszystko zdarzyć
Trzeba zawsze mieć nadzieję
Wierzyć kochać i marzyć
To nikomu nie zaszkodzi
Bo jesteśmy przecież młodzi
Mamy siłę spryt odwagę.

Rzekła Tereska do Zenka
   Chodź tu Zenek stań na wagę
   Musi dobrze ci być ze mną
   Skoro waga trzyma się normy
   Nie wychodzisz mężu z formy.

Zenek zerknął na swoją żonę
I zapomniał w owym czasie
Że gdy ważył się na wadze
To zapomniał o tej kasie
Którą w portfelu na serio
Dwanaście tysięcy euro.

Wyjął kasę oddał żonie

I o kilo zmniejszył wagę
Dobry chłopak z tego Zenka
Bo się przyznał miał odwagę.

Pogłaskała Zenka za to po twarzy
Piękna Tereska z Mocarzy
A chłopak z Burzyna się skapował
I ją w rączkę pocałował.

A wczoraj to trochę podpadł
Ugotował smaczny obiad
I z rodziną do pospołu
Usiedli razem do stołu
Norma w wadze to cześć
Można kurczę w sosie zjeść.

Gdy chodzi o Tereskę i Zenk ich wysokości
To pobrali się z wielkiej miłości
Zenka z Burzyna nikt nie zatrzyma
Przypadek się zdarzył że
Podobała mu się dziewczyna z Mocarzy.

Mieszkają na czwartym piętrze
Wyjeżdżają na wieś i przyjmują gości
Podziwiają piękną łomżyńską przyrodę
Wspominając na balkonie niejedną przygodę.

Plama

    Skąd ta wielka czarna plama?
Dziwna jakaś rzekła mama
I spojrzała ku nim sucho
Pociągnęła go za ucho.

Wiersze nowsze

Jaka plama to mamusiu
Chciało mi się wczoraj siusiu
I zrobiłem właśnie plamę
Bardzo więc przepraszam mamę.

Mamusi się głosik łamie
Tak to brzydko synek kłamie
Nie do wiary czarna plama
Przez malucha wysiusiana.

Mamie w głowie się nie mieści
Chociaż ma już lat czterdzieści
Synku drogi nie kłam mamie
Powiedz prawdę o tej plamie.

Znowu malec kłamie mamie
Tatuś wczoraj zrobił plamę
Gdy majstrował na motorku
Coś czarnego trzymał w worku
Z worka myszka wyskoczyła
I spodenki poplamiła.

Nie podoba też się mamie
Synek po raz wtóry kłamie
Powiedz w końcu drogi Kajtek
Bo będziesz chodził bez majtek.

Więc wystraszył się nasz Kajtek
Od dzisiaj na goło bez majtek
Ola Boga hopsa sa sa
Co więc na to powie klasa.

Kajtek prawdę by powiedział
Lecz naprawdę sam nie wiedział

Pewnego dnia jak przebiegał krzaki
Plamę tę zrobiły ptaki
    Powiedział przepraszam mama
I nie będzie więcej kłamał.

Nasza ziemia

Utrudzona w skwarze gorejącego słońca
Zmęczona ziemia jak ognista kula
W przestrzeni o boskich wymiarach
Obejmuje przyjaźnie i do snu utula.

Tak to Boże co wszechświat stworzyłeś
Ty to w swoich planach ziemię wyróżniłeś
Dałeś jej światło powietrze i wodę
Stworzyłeś ludzi zwierzęta przyrodę
Dałeś i podtrzymujesz ich życie
W codziennym wspaniałym rozkwicie.

Dzienne sprawy

Życie na ziemi
Beztroska czy trwoga
Bywa że jest prosta
Czasem kręta droga
Nowy ciągle świat nastaje
A zamiera stary
Bo do końca nie zbadane
Są boskie zamiary.

Piękny dzień się zakończył
Noc zasłonę kładzie ciemną
Dzienne sprawy zakończone
Idą do snu z tobą ze mną.

Wszystko powoli milknie
Ptaszki i przyroda
Na sen nie ma ratunku
Sen to taka moda.

Ludzie zasypiają twardo
Po codziennej udręce
Zapominając czasem o modlitwie
Do Boga w podzięce.

Gdzieś wysoko na niebie
Księżyc się pojawia
I swoim niebieskim światłem
Ciemności rozjaśnia.

Wpatrując się na zaspaną
Ziemię swoją siostrę
Rzuca ku niej przejrzyste
Spojrzenia miłosne.

Daleko na przestrzeni nieba
Błyszczą gwiazd miliony
Są rozsiane jak nuty
Muzyki prześlicznej frontony.

W przedziwną się układają
Roziskrzoną kratę
Czyniąc niebo piękniejsze
Wiosną zimą latem.

Tylko nie śpi poeta
Co mieszka w przytulnej chatce
On składa drobne literki

Przewraca kartki po kartce.

Stara się biedaczysko
Czasami aż się wzruszy
I prosi Boga o natchnienie
W głębi swojej duszy.

Czasami z niecierpliwości
Gryzie długopisy
Oczka mu się zamykają
I troszeczkę kaprysi.

Chciałby osiągnąć więcej
I talent poszerzyć
Czyni zatem postępy
I musi uwierzyć.

Wyrobnicy z ulicy

Życie ludzkie jak w teatrze
Wystarczy na wszystko popatrzeć
Choć raz spojrzeć przez szklaną lupę
I zadbać o własną pupę
I wyciągnąć z tego wnioski
Jak rządzi się naród polski
Rosyjski grecki czy włoski.

Dyzma z rana piję kawę
I nie śpieszy się do roboty
Cały tydzień się obija
Na weekend jedzie w soboty.

Dyzma życie na morowe
Ma tysiąc euro na głowę

Więc kombinuje jarmarczy
Bo mu na wszystko wystarczy
Nie łazi po sklepie z mopem
Od tego ma Europę.

Zatrzymajmy się na chwilę
W fabrykach z Europy ludziki
Tyrają i walczą z czasem
Za niską głodową kasę
Na skwerach w paskudnej dzielnicy
Koczują najemnicy
Słowacy Rosjanie Polacy
Szukają codziennie tu pracy.

Bo tutaj ostatnia jest szansa
Więc muszą pracować na Blanca
Hopfera kolegów z rodziny Ferrera
Bo Polska kraj miodem płynący
Pogubił się trochę niechcący
A ten co rządzi się śmieje
I właśnie dlatego tak się dzieje.

W Berlinie pracuje Sasza
I narzeczona Natasza
I Grisza radziecki soldier
Sprzedaje na rynku swój order.

Za wolność waszą i naszą
Więc spróbuj dogadać się z Saszą
Niech respekt poczują do braci
Więc lepiej im Dyzma zapłaci.

Luftwaffe na niebie podgląda
A niebo zazwyczaj spokojne

Zastanów się więc Europo
Kto przegrał w ostatniej wojnie.

A teraz trwa wojna handlowa
A to jest prawda niestety
Do naszej biednej ojczyzny
Wtargnęły zwyczajne markety.

Poróżniła się rodzina
I zrobiła się zadyma
Wszyscy się po głowach skrobią
Niektórzy już pod siebie robią
A liczni najedli obciachu
Nie mówiąc już nawet o strachu.

Co robić więc bracie i siostro
Naprawdę zrobiło się ostro
Niech pokój Bóg w świecie zachowa
I zgoda kwitnie od nowa.

Gdy Ferdek użyje atomu
Nie będzie już miasta i domu
Zniknie cała Europa
I zostanie gruzu kopa.

Głupota

Ktoś pomyśli kiedyś zawdy
Że głupota nie zna prawdy
A durnota nie zna granic
Głupio myślisz wszystko za nic
Gdyby prawdę dobrze znała
To by nigdy nie zgłupiała.

Różne są głupoty formy
Dziwne plany i reformy
Założenia zamierzenia
A wiadomo świat się zmienia
Zamieniono psa na wilka
A żyrafę na jelenia.

Na urzędzie czy posadzie
Burmistrz właśnie ma kłopoty
Bo pieniądze podatnika
Sprzeniewierzył na głupoty.

Raz się w miejskim barze upił
Roboty do biura kupił
Teraz się oblewa potem
Kasia ściska się z robotem.

Płacze zatem burmistrz stary
Nie ma gdzie schować gitary
Miasto pustką teraz świeci
Na ulicach głodne dzieci
Narobiły dużo wrzasku
Więc powiesił się na pasku
Sprzykrzyło się burmistrzowi życie
I umarł w głupoty rozkwicie.

I obraził prezydenta
Teraz już nic nie pamięta
I tej to właśnie soboty
Zakopały go roboty
Na komunalnym cmentarzu
Jest pilnowany pod strażą.

Pan prezydent biznes kręcił

Nowy dom mu pastor wyświęcił
Chodzi z kozą na spacery
Ledwie trzyma się bariery
Nie narzeka na robotę
I robi w konia ciemnotę.

Pani robi minę chytrą
Zapłodnili ją in vitro
Sama z sobą sobie żonka
Bo nie potrzebuje członka
To ustawa ta zrobiła
Pani wódy się napiła
I leży teraz pod lasem
I czeka na darmową kasę.

Brak wesela huczne chrzciny
Pastor robi groźne miny
    Nie wódź mnie na pokuszenie
    Wziąłem kasę mam sumienie.

Oj głupoto historyczna
Wielka potężna kosmiczna
Nawet takie zwykłe proste
Porządki robi w kosmosie.

Do hotelu weszła świnia
Przeżarta że aż ją wydyma
Mikrofon słuchawka przy uchu
I kocioł żarcia na brzuchu
Milczy tylko postępuje
Bardzo boi się podsłuchu.

Świat się zbroi przez głupotę
Darma praca na początek

Produkuję niedoróbki
Broń na swoją własną zgubę.

Mija czas i wiek za wiekiem
Głupotę rozwija z człowiekiem
A więc przy wolnej sobocie
Trzeba czoło stawić głupocie.

Starajmy się zawsze i zawdy
Dążyć do prawdziwej prawdy
Głupota i zbędna praca
Nigdy nam się nie opłaca
Głupi młody głupi stary
Na głupotę trzeba kary.

Ślub

On kawaler z Krakowa
Ona panna z Gdańska
Poznali się na weselu
Jej siostry z Ługańska.

Kasia panna urodna
Ma wszystkie zalety
Ukończyła wydział prawa
Cztery fakultety.

Obroniła magistra
Zaczęła pracować
I wieczorami w klubie
Uczy się tańcować.

Ferdek rosły chłopisko
Mechanik z przypadku

Stanisław Pysek Prusiński

Odziedziczył warsztat ślusarski
Po zmarłym dziadku.

Naprawia skutery
Ciągniki maszyny
Na dobę więc sypia
Tylko dwie godziny.

Zakochał się nasz Ferdek
Wciąż myśli o pannie
Już widzi oboje
Kąpiących się w wannie.

Chcąc przerwać tęsknoty
Miłosną udrękę
Wybiera się do Gdańska w sobotę
By prosić o Kasi rękę.

       Wyjdź za mnie Kasiuniu proszę
Pada na kolana
    Codziennie o tobie myślę
    I tęsknię od rana.

Tak więc Kasia ma przyzwolenie
I rękę podała
Teść pokropił kropidłem
Mama pogłaskała.

Dusza do duszy ciągnie
I czasu niewiele
Ustalono ślub w kościele
Za cztery niedziele.

A żeby było inaczej

Myślą w dobrej wierze
Że do ślubu ona mercedesem
A on na skuterze
I spotkają się wtedy
Przy klasztornej fosie
              O losie!

Kasia mknie mercedesem
W miłości i wierze
Ferdek ją ponad stówą
Goni na skuterze.

Nie przewidziały jednego
Zakochane główki
Że przed wjazdem do kościoła
Były dwie krzyżówki.

Ferdek skręcił na lewo
A Kasia na prawo
I ślub się nie odbył
Za szatana sprawą.

Ferdek choć chłopak bystry
Tak się tu zagapił
Tydzień szukał kościoła
I nigdy nie trafił.

Wrócił biedak do domu
Cóż jeździ rowerem
Nigdy się nie ożenił
Został kawalerem.

Kasia długo czekała
Na Ferdka tamtego wieczoru

Wróciła zdruzgotana
Poszła do klasztoru.

Wszystko się pochrzaniło
To prawda podobno
Bo do ślubu to się jedzie razem
A nigdy osobno.

Bal

Życie jest szalonym balem
Kiedy rzucisz los na szalę
Choć się czasem nawet sparzysz
Nie kosztujesz
        Nic nie ważysz.

Gdyby nie to przyciąganie
Pofrunęła byś pani i ty mój panie
Gdzieś w niewidzialne otchłanie
Wczesnego świata zaranie.

Dotyczy to malca blondynki
Jak ważne są w życiu uczynki
Wolno więc kochać i marzyć
Co dobre to da się zważyć.

Nie igraj więc z losem i dobrem
Nie chowaj więc głowy pod kołdrę
Kształtuj uczciwie swoją duszę
Przypomnieć ci to teraz muszę.

Jeżeli nie kochasz zapłacisz
Być może co otrzymałeś stracisz
Znikną marzenia i wizja

Zostanie ci telewizja.

W głowie zostaną reklamy
I absurdalne głupoty
Więc wykorzystaj swoją szansę
I ostro się weź do roboty
Żyj marzeniami miłością
I ludzką osobowością.

Oddychać ale czym

Co myśli pralka gdy do niej wrzucasz
Brudne łachmany koszule gacie?
                              Odpowiedz bracie.

Jak się czuje woda żywa
Gdy po brudnych rzeczach spływa
A wirówka kręcona po uszy
Już wyprane ciuchy suszy.

Do tych procesów w realiach
Potrzebne są chemikalia
Więc wycinają brud
To proste jak zwykły cud.

Co się więc tyczy cudu
Skąd się wzięło tyle brudu
Z wiatru pyłu czy sodomy
Miasta w środku siwe domy
Zadymiona atmosfera
Ciągle się z powietrzem spiera.

Czy gdzieś w górze czy na dole
Powietrze jest czystsze i lepsze

Stanisław Pysek Prusiński

Dopóki mnie płuca nie bolą
To ja to pieprzę.

Dopóki jesteśmy rześcy i młodzi
Nie narzekamy bo się powodzi
To dym co wisi w powietrzu
Nas nie obchodzi.

Wąchał taki koleś
Dym lat trzynaście
W końcu zatkało mu arterię
Dostał zastrzyków serię
Serca lewa prawa strona
Tak okrutnie zamulona
Wstawiono mu w środek trzy rury
O mały włos nie pofrunął do góry.

I zrobił się przez ten dym taki słaby
Chodzi wolniutko i boi się żaby
Tyle się przez jego krew dymu przedostało
Że aż żyć się odechciało
I życie się skomplikowało.

Przyjrzyjmy się temu z bliska
Gdzie była wtedy ochrona środowiska?

Proszę to są wyniki
I tego stanu przyczyny
W d.... się ma człowieka
Ważniejsze od zdrowia są maszyny.

Że mu serce zamarło
I żyły przytkało
Kto więc się martwi o niego

Zdychaj łysa pało
Ciesz się i tańcz na wietrze
I czekaj aż wstawią ci sztuczne serce
Metalowe i lepsze.

Wstawią ci nową aortę
Jakąś nową skrzynię
Będziesz czekał na koniec
Dzień może godzinę
Najlepiej od razu pożegnaj rodzinę.

Przy okazji uszkadzają wątrobę
I wyślą na wczasy
Przypadkiem oczyszczą cię z kasy
Najgorzej to wieczne wczasy.

Uda ci się masz szczęście
Darują ci laskę
Za darmo dołożą maskę
I będziesz wzdychał i wdychał na wietrze
Już lepsze i świeższe powietrze.

Poker

Dziś w ten dzień pogodny taki
Poleciałem do Kentucky
Przedtem też sprzedałem działkę
Konia i kowbojską fajkę.

Byłem wtedy kawalerem
Nie takim zwykłym frajerem
Wymachuje rewolwerem
Rozglądam się za pokerem.

Stanisław Pysek Prusiński

I znalazłem bank i knajpę
Gdzieś pod lasem i odludną
Wszystko rzucić chcę na szalę
Wkrótce cały bank rozwalę.

Więc zasiadam do pokera
Karta idzie jak cholera
Gram o wszystko o dolary
Kapelusz rewolwer stary
I o buty o koszulę
Majtki w kratę o siodło
Konia i rodowe godło.

Zastawiłem również konto
Wygram śmignę do Toronto
I polecę na Bałkany
Zwiedzę Szwecję i Wenecję
Poznam wszystkie nasze stany.

Tak dostałem cztery asy
Cztery damy i trzy króle
Jeszcze chwila czekam kiera
I fortunę tą przytulę.

Wtedy właśnie to się stało
Całkiem mnie to zamurowało
Chyba diabeł gdzieś zażarty
Przetasował moje karty.

Co pięć asów i wiadomo
Wygonili mnie do domu
Zrozumiałem że przegrałem
Ale się nie rozpłakałem.

Cały goły i w ręczniku
Wracam do domu na byku
I zamieszkam u sąsiada
Chociaż nie bardzo tak wypada.

      Nigdy już nie zagra w karty
Powiedział kowboj uparty.

Przestrzeń

Bezkresne niebo w dalekiej próżni
Wstęgą lustrzanej fali przelewa
Otwartej zwartej niespotykanej
Powłoką dziwną przestrzeń zawiewa.

Na krańcach światów nowych i starych
Ten galaktyczny stwór co przenika
Wszystko co pędzi żyje wiruję
Pali się bawi powstaje znika.

Zamysły stwórcy harmonią czasu
Twardo się w planach składają wiecznie
W bezkresnych mękach wiernością zwarte
Tworzą się w inne wolne bezpieczne.

Zębate tryby kroją i ważą
Liczą wytrwale zastępów roję
Wolne od bólu cierpienia cierni
Zmysłowo wielkiej jasności wierni.

Okryte w smugi wielkiej zasługi
Niespotykanej słonecznej strugi
Rozkołysana przestrzeń swawolna
Żąda miłości zgody i wsparcia

Uparcie drąży dziury w przestrzeni
Wytwarza prądy potężne tarcia.

Wkomponowana w przestrzeń planeta
Ziemią nazwana porusza w czasie
W zamiarach Boga piękna i błoga
Beztrosko w słońcu tarczę obraca.

Niespotykana jak nimfa wodna
Coraz piękniejsza smukła dziewczęca
Bardziej pociąga mocniej zachęca
Piękna przejrzysta wspanialsza czysta.

Kozak równy gość

Chciał być życzliwy dla ludzi
Być dobrym jak wujek Zorro
Pożyczać i nie oddawać
I sukcesami się napawać.

Kupił więc plażę i lasek
Będzie przeganiał piasek
Kocha przebierać ślimaki
A nienawidzi raki bo taki.

Zmartwiła się kiedyś mama
Że aż dostała febrę
Bo w jej nowiutką piżamę
Ubrał kulawą zebrę.

Nie był to chłopiec nijaki
Bo był on właśnie taki
Trzeci w rodzinie buntownik
Taki maleńki kłusownik.

Raz w lesie zastawił sidła
Dodając trochę mydła
Wpadł w pułapkę leśniczy
Wkrótce mu kości policzył.

W szpitalu przebrał miarkę
Bo podglądał przez szparkę
Jak jeden z panów doktorów
Skalpelem rżnął sekretarkę.

Buchnął z szafeczki stówkę
I wypił całą kroplówkę
Gdy się uniósł tak wysoko
Napluł doktórce w oko.

Raz przyjechała ciotka
Chciała się z mamą spotkać
Więc on poczekał godzinę
Chciał uderzyć z nią w ślinę
Takiego dostał kopa
Że aż otwarła się szopa.

Sąsiedzi mu umrzeć nie dali
Godzinę reanimowali
Wyszedł więc z tego cało
Już mu się ślinić nie chciało.

Robił więc różne świństwa
I nie jest dumny z dzieciństwa
Dorosły i chce się ożenić
I jakoś swe życie odmienić.

Kto więc go teraz zechce

Stanisław Pysek Prusiński

Kto go po plecach połechce
Czy pocałuje go Hania
Takiego podłego drania.

Może i tak się wydaje
Że coś czasami nie staje
Lecz on się nie poddaję
I myśli o sobie mój chłopie
Nikt ci już nie dokopie.

Raz poznał pannę Krysię
Wtedy jeszcze nie miał w zwisie
Co nockę śniła mu się
Mówiła do niego   lisie.

Choć miał bardzo lichy dochód
Wziął nawet na spłaty samochód
I zaprosił panią Krysię
Żeby oddała mu się.

I rypła się sprawa cała
Trąba mu nie zagrała
Krysia mu pyska nie dała
Lecz w torbę dokopała.

Tak mu obrzydły dziewczyny
Więc z takiej prostej przyczyny
Zaczął śpiewać w kościele
I nieraz całą niedzielę
Klęczał i piał bez przerwy
Raz pastorowi puściły nerwy
Wkurzył się nie wiem na co
Przywalił mu po mszy tacą.

Następnie wywalił go z chóru
Ledwie chwycił się muru
Ale przeżył upadek
Do dzisiaj nie płaci składek.

A jeśli już o tym mowa
To pastor go już nie pochowa
To mu obiecał za życia
Jak wróci to pójdzie do kicia
Może tak wam się wydaje
On kozak się nie poddaję.

Kupił wędki i przynętę
Czas więc iść na wcześniejszą rentę
I choć ma już lat trzydzieści
To życie się z nim nie pieści.

Dzień cały o jednym posiłku
Więc żyje na skromnym zasiłku
I nie ma pretensji do świata
Po prostu to wszystko mu lata.

Ma swoje poglądy i słowa
Być może znów zacznie od nowa
I głowy w piasek nie chowa
Niech kwitnie nam Polska Ludowa.

Nie bój się

Nie bój się życia bo dużo znaczy
Nie martw się że może stać się inaczej
Pamiętaj o tym masz własne tory
Czy jesteś zdrowy czy może chory.

Może ubogi czy też bogaty
Czyś jest ubrany w jedwabne szaty
Czy kamizelkę nosisz na raty
Znalazłeś żonę posłałeś swaty.

Czy stąpasz wolno ruszasz się żywo
Zostawisz kiedyś po sobie żniwo
Zżęte rżysko
      Po co to wszystko?

Wyszedłeś z opresji mimo agresji
Wijesz się jak robak ucięty w pupę
Tak dorobiłeś się masz chałupę
Samochód farmę pokaźne konto
Gdzieś tam Chicago może w Toronto.

Dzieci dorosłe i żonę młodą
Gdzieś nad srebrzystą lustrzaną wodą
Posiadasz wszystko a jest inaczej
Tak więc powiadasz bo twardo stoisz
Wierzysz i czujesz czego się boisz.

Oczy otwierasz każdego rana
Zauważyłeś gdzieś tam szatana
Jak tobie pomóc co ci zaradzić
Twoją fortunę wzmagać gromadzić.

Coś nagle pęka składa się kruszy
Mowę odjęło uwiędły uszy
I w mostku ból w gardle cię suszy.

Sam więc zostałeś na drodze Pan Bóg
Biała się dama czai za progiem
Myśl twoja dąży w nieba błękicie

Ucieka radość zamiera życie.

Bóg gwarantuje nam życie wieczne
Nowe korzystne bardziej bezpieczne
Pełne harmonii wspaniałym wdzięku
Gdzie nie ma zgrzytów i nie ma jęków.

Ogromna fala nowej epoki
Ogromny kwiatów duchowe kroki
I wielka jasność duszę przebija
To co się stało nigdy nie mija.

I końca nie ma chwili
Przystanku zniknęła ziemia
Gdzie urodziłeś się gdzie dorastałeś
Byłeś malutki pierś matki ssałeś.

Teraz cię koniec wędrówki czeka
Matka wygląda na dzieci czeka
Otwarta brama i nie jest sama
Boga miłością duchem odziana.

Koralowa dama

Zamyślona zadumana pełna wdzięku i radości
W srebrzystą suknię ubrana młoda dama
 Opasana koralami dumnie kroczy
Szlakiem zmieniającego barwy słońca
                        Drogą bez końca.

Przepiękne i diamentowe korale
Ułożone we wijące się wstęgi
Mieniące się w odbitym świetle
Zachodzącego słońca zdobią

Jej długą kształtną szyję i smukłe ramiona
To ona.

Kocha te świecidełka szmaragdowe cudeńka
Pełzające i wijące się jak robaczki świętojańskie
Dodające wdzięku jej niebywałej urody
I szeleszczącego wiatru rozwiewającego
Towarzyszącego jej włosom ku niebiosom.

Zakochana młoda dama
Zadurzona w koralach po uszy
O zmysłowej subtelnej duszy
Kroczy w dal wytrwale
Tuląc do swojej piersi korale.

Kariera Pani Wiesi

Pani Wiesia od Mazowsza
Pomyślała wczesnym rankiem
Jakoś w tej Ojczyźnie ciasno
Co tu patrzeć przez firankę
Cześć sąsiedzi córki smyki
Spadam dziś do Ameryki
Żegnaj synu żegnaj zięć
Lecieć dzisiaj tam mam chęć.

Pomyślała tak zrobiła
Wnuczki wszystkie policzyła
Żegnaj kraju ukochany
I robaczki świętojańskie
Kiedy wrócę i zarobię
Będę wiodła życie pańskie.

Co tu robić? Co ja gadam?

Jeszcze tam na coś się nadam
Jeszcze człowiek nie jest stary
Zgarnę wszystkie tam dolary.

Spakowała więc walizkę
Dwa talerze jedną miskę
Także flaszki dwie butelki
Na zielone worek wielki
Głośno śpiewa w samolocie
           Po kłopocie.

Turbulencję dobrze znosi
Wiesia w górę się unosi
Na Okęciu cześć rodzina
Już jej nikt tam nie zatrzyma
I trzasnęła flaszkę wina
Ale się na nogach trzyma.

W Ameryce praca z rana
Poznaje pewnego pana
Przystojnego amerykanina
Pana Miecia od Zambrowa
O tym niżej będzie mowa
Ten pan to zawsze gość
Mocny twardy nie ma dość.

A zielone płyną same
Satysfakcjonują damę
Tak się szybko zagościła
Wkrótce w Polsce dom kupiła.

Śle do córek śle do wnuczki
Kupi też karmę dla suczki
Stać na wszystko młodą damę

Bo dolary płyną same.

To jest prawda nie pochwała
Pani Wiesia wyładniała
Zawsze modnie uczesana
Uśmiech kwitnie już od rana.

A wiadomo jak na ringu
Trzeba tyrać na kliningu
Od wieczora i od rana
Wiesia jest zapracowana
Zszywa więc dolary dratwą
A wiadomo tu nie łatwo
Chociaż pastorowi stówkę rzuci
To się wcale nie zasmuci.

Czy w sobotę czy w niedzielę
Chociaż czasu nie ma wiele
Wiesia obiad ugotuje
Pana Miecia poczęstuje
A świergocą jak te ptaszki
Winka troszkę z małej flaszki
Czy to w czwartek czy we wtorek
Jedzą razem podwieczorek.

Długo patrzą sobie w oczy
I trzymając się za ręce
Co więc trzeba czego szukać
Czego potrzebować więcej.

Jeden mały telefonik
Mieciu jestem tutaj
Już Pan Mieciu daje gazu
Do drzwi Wiesi puka.

A buziaki o mój Boże
Kto widział i kto słyszał
Gdyby był Pan Mieciu lżejszy
Na szyi by wisiał.

Pani Wiesia tuli Miecia
I głaszcze po głowie
Już wie z góry co Pan Mieciu
Za chwilę odpowie
Cmok za cmokiem i z podskokiem
Czasu mają wiele
Możesz spotkać ich w kościele
Na ósmą w niedzielę.

My życzymy im obojgu
Niech im się poszczęści
Bardzo proszę bardzo proszę
Spotykajmy się częściej

Oszczędzaj siły

Siła zdrowie sprawność piękno
Poezja wspaniałe słowa
Odradzają się codziennie
Wciąż od nowa i od nowa.

Młody silny i uparty
Tak jak do pokera karty
As wygrywa czasem z damą
Ale nie za wszelką cenę
Kiedy mamy cztery damy
Wtedy z asem wygrywamy.

Hej wy asy dobrodzieje
Wy wspaniali czarodzieje
Tak to bywa jak w piosence
Rozdaj kartą połóż ręce
Na płaskim stołowym blacie
Pokażcie co teraz macie.

Och fortuna droga była
Gdzieś się karta zagubiła
Teraz to zabrakło asa
Dama z boku rzecze miły
    Proszę cię oszczędzaj siły
    Gdy teraz nie pofolgujesz
    Już nigdy nie przetasujesz.

Z kartą nigdy nie są żarty
Przestań nie bądź tak uparty
Bo być może wszystko stracisz
Nawet z braku jednej karty.

Bezrobocie

Bezrobocie mi nie grozi
Młoda panna tyłkiem kręci
    Drogi panie redaktorze
    Ja pracuję w nocnym klubie
    A dlaczego? Bo to lubię.

    Nie jest źle biznes się kręci
    I trafiają się klienci
    A niektórzy dobrze płacą
    Pan rozumie co i za co?

    Pan mi mówi że to grzech

Cały świat jest teraz grzeszny
Coś takiego nie słyszałam
Ale z pana jest gość pocieszny.

Wstąp pan do mnie dziś wieczorkiem
Można lekko pod humorkiem
Osobiście lecz bez żony
Będziesz świetnie obsłużony
I wyjdziesz zadowolony.

Co pan mówi i pan się boi
A może panu nie stoi
Niech pan takich min nie stroi
Nie przepuszcza się okazji
Jest pan frajer bez fantazji
Ja nie kłamię i mam rację
Podniosę panu kwalifikację.

    Droga panno rzekł redaktor
Robiąc bardzo smutną minę
    Nie skorzystam z tej okazji
    Mam fajną żonę rodzinę
    Prawdę mówię i nie kłamię
Panna rzekła   zjeżdżaj chamie.

Oczy widzą

Kto nie widzi to się wstydzi
Nie masz wzroku żyjesz w mroku
Chcesz to sprawdzić zamknij oczy
Spróbuj ognisko przeskoczyć
Przepłyń może całą rzeczkę
Załóż wysoką poprzeczkę.

To zrozumiesz gdy się uda
Twoje oczy widzą cuda
Nie każdemu to się uda
Widzieć wszystko i daleko
I odróżnić białe mleko
Od koziego i żółtego.

Oczy współpracują z duszą
Więc i zamykać się muszą
W razie potrzeby otwierać
Nie można ich sponiewierać
Muszą płakać patrzeć śnić
Muszą w gotowości być.

Oczy zdobią każdą głowę
Są bojowe pokojowe
Czarne zielone i szare
Czasem dziwne może piwne
Oraz chińskie modne skośne
Ale nigdy nie przenośne.

Oczy zdobią twoje życie
Więc je szanuj należycie
Oczy cię nie muszą pytać
One muszą się wyspać
Odpoczywać płakać śmiać
Błądzić prosić czasem bać.

Jeśli chodzi o humana
To się jakość oczu zmienia
A więc każdy niech pamięta
Że mężczyzna to ma oczy
A kobieta ma oczęta.

Kobieta ma oczy piękne
Kolorowe i namiętne
Maluje je odświętnie
A jeszcze to czasem najprościej
Pełne matczynej miłości.

Oczy czarne i niebieskie
I śliczne bez skazy
Zapełniają więc galerie
Nanoszone na obrazy
Uwodziły aż do bólu
Cesarzy władców i królów.

A mężczyzny oczy zwykłe
I zazwyczaj raczej szare
Czasem mgłą dziwną zachodzą
Gdy długo stroi gitarę
Lub przesiaduje za barem.

Tak jest wszystko ułożone
Oczy patrzą w twoją stronę
I czasami jak cię widzą
To się bardzo mocno wstydzą.

Gdy coś zdziałasz niedobrego
Obrazu nie możesz zatrzeć
Czasem przykro to cię bolą
Zatem wszystko pod kontrolą.

Oczy mają też popędy
A gdy nie widzą pieniędzy
To okropnie się wkurzają
I na boki uciekają
A najbardziej to się wstydzą

Stanisław Pysek Prusiński

Gdy nawet drobniaków nie widzą.

Gdy ci się coś w życiu sknoci
Nie kłam proszę popatrz w oczy
Żonie matce czy teściowej
Życie będziesz miał morowe
Oczy nie podbite zdrowe.

Jeszcze jedno z mojej listy
Czasem zajdź do okulisty
Dbaj o oczy bo masz jedne
I pamiętaj niewymienne.

Decyzje

Podjąć decyzję czasem potrzeba
Lecz w którą stronę czy prawidłowo?
Czy więc korzystnie? Czy się opłaci?
Lecz prawidłowo i myśleć głową.

Zdecydowałeś co dalej będzie
W domu na polu czy na urzędzie
W twojej decyzji zabrakło precyzji
Masz popularność jesteś na wizji.

Nawet bogaty ponosi straty
Wszelkie decyzje po jego stronie
Żeby utrzymać własną pozycję
Poświęca godność czasem ambicję
Może i nawet zdrowiem przypłaci
                Byle nie stracić.

Nie decydujesz o własnym losie
Ty nic nie możesz los ma cię w nosie

Możesz się wściekać i w czoło bić
Nic tu nie zmienisz tak musi być.

Dążymy zatem ale do czego
Zdobył fortunę nic nie ma z tego
Starość zagląda więc do pałacu
Król musi odejść po drodze trupy
Wszelkie starania poszły do d...

Rząd który rządzi sędzia co sądzi
Brnie po omacku i często błądzi
Procesów wiele spisane strony
Siedzi beztrosko gdzieś na urzędzie
Za to co czynił sądzony będzie.

Decyzje mylne trudne wyroki
Są jak nie patrzeć cofnięte kroki
I ludobójstwa na wielką skalę
Kiedyś na wielkim gdzieś trybunale.

Na niebios boskim wielkim urzędzie
I sprawiedliwie osądzone będzie
Sędzia na ziemi i jego ofiara
Równą niezwłocznie otrzyma karę
A sprawiedliwa również zapłata
Dosięgnie jeńca i jego kata
Z której nie patrzeć decyzji strony
Nie sądź bo sam też będziesz sądzony.

Dawno temu

Niepamiętne dawne czasy
Wiek czternasty stare zamki
W puszczach dużo jest zwierzyny

Wilkołaki niedźwiedzie hieny
Grasują też dzikie bandy
Dokonując kontrabandy.

W wielkich i kamiennych grodach
Żyli króle i lud prosty
Otoczone wodną fosą
I zwodzone były mosty.

Były bitwy i turnieje
I wesela również w modzie
Zabijano z tej okazji
Świnie byki krowy dziki
Kuropatwy i indyki.

Huczało na dworach i grzmiało
Rycerstwo do boju stawało
Wojownicy się mocowali
Głowy sobie obcinali.

A wygrywał ten silniejszy
Kto mocniej uderzył w piersi
Wygrany dostawał ziemię
Przegrany szedł lecz pod ziemię.

A wesela były huczne
Piękne panny i karety
Bawili się ludzie bogaci
A służba miała biedę niestety.

Było przeszło przeminęło
Z czasem i wiatru szelestem
Można tylko się domyślać
Dlaczego mnie wtedy tam nie było

A teraz żyję i jestem.

Welon i sukienka

Oświadczył się raz Leon pannie
Miej panie go w swojej opiece
Kiedyś wyruszył na łowy
A panna kąpała się w rzece
Była piękna i nie stara
A na imię miała Klara.

Więc się udał do rodziców
Poprosił o Klary rękę
I od razu złożył na zamku
Swojej wierności przysięgę.

Leon biedny z pustym trzosem
Licha suknia nogi bose
Zarośnięty taka zrzęda
Ale miecz przy boku dynda.

Panna Klara się zgodziła
Jeszcze nie tykana była
Skorom jemu przeznaczona
Wyjdę myśli za Leona.

Będą dziewki mi zazdrościć
Samotności ma już dosyć
Ale czasu już niewiele
Ślub ma odbyć się w niedzielę.

Lecz wyniknął problem taki
I dla wszystkich to udręka
Bieda w chacie aż piszczała

A do ślubu jest potrzebny
Wiadomo welon i sukienka.

Chrzestna Klary jest zmartwiona
I rodzice też w kłopocie
A w grę nie wchodzi biedny Leon
Na dwie rzeczy nie ma forsy
Co więc wybrać sukienkę czy welon?

Ojciec matka wuj i chrzestna
Rankiem zamknięci w komnacie
Z przewagą jednego głosu
Do kupna wybrali welon.

Tak ustaliła rada
Sukienka do kupna odpada
Bez sukienki się obędzie
Powiedziała chrzestna pani
Młoda panna bez welonu
To jak uczta nieskończona.

Rano wszyscy powstawali
Do kościoła się udali
Ślub nie został dokończony
Z chóru rozległy się trąb dźwięki
W kościele wybuchła trwoga.

Młody Leon widzi welon
Klara jakaś inna cała
Co się stało i kto to zrobił
Gdzie sukienka się podziała?

Leon zastygł i oniemiał
Tak jak stanął i skamieniał

A dlatego że się wkurzył
W rozmyślaniach się zanurzył.

Klara młoda dała dęba
Wykrzywiła jej się gęba
I uciekła z wielkim krzykiem
Co wiązało się z ryzykiem
Tak szybko z kościoła zwiała
Kilku starców rozdeptała.

A kościelny się przewrócił
W wikarego świecą rzucił
Pastor ześlizgnął się z ambony
Zrobił się cały czerwony.

A rodzice też uciekli
Do jaskini się zawlekli
Wstydzą się własnego rodu
Nigdy nie wrócili do grodu.

W życiu trafiają się gierki
Dotyczy to kawalerki
Gdy masz pustą empty kieszeń
Nie zawracaj pannie głowy
Jesteś biedny to się nie żeń
Myśli skamieniały Leon
Wpierw sukienka później welon.

Wady

Przeróżne poglądy problemy przywary
Kształtują się w życiu bez smaku i miary
Życiowe zasady nie wszystko jest piękne
Czasami bogate posiada też wady.

Skąd bierze się wada?
                Co się na to składa?
Kto wady posiada jest winny czy grzeszny
Mądrzejszy roztropny czy może pocieszny.

Czy to wada że się pocisz ?
Nieumyślnie coś w pracy sknocisz
Że masz wyuzdane ambicję
Doniosłeś na bliźniego na policję.

Wadliwy jest twój kierownik
Co ci potrącił za pracę premię
Za dobrą pracę tak sądzę
I złodziej co ci ukradł z kieszeni pieniądze.

Bywa tak że osobnik wadliwy jest chciwy
Kwasi się sepleni i bzyczy
Też ci nic dobrego nie życzy
A w sercu mu kipi i syczy.

Zdarzają się również wadliwe organy
Wątroby i nerki czy mózg zmieniony
Są wady wrodzone złożone nabyte
Różnorakie niejednolite.

Dlatego też na wady trzeba szukać rady
Nie wchodzić z tym tworem w układy
Największą jest wadą od świata zarania
Jest nawyk ciągłego darmowego gadania.

Tu wada dotyczy polityki teściowej i żony
Dolewa się do ognia oliwy szalonej
Polityka od marudzenia zwinął ciężki zawał

Bo kłamał i głośno na wielu nadawał.

Teść z zięciem tak poważnie z tą wadą się spotkali
Że zamknęli się w pokoju i głośno płakali
Teściowa żona i rodzina bardzo im się dziwi
Że płaczą chyba dlatego że są bardzo szczęśliwi.

Piłka nożna
Polska gola Polska gola
Strzały i zasłona dymna
Jest niepewna ta powłoka
W telewizji nadawali
Zamiast hymnu rocka grali.

Coś się z nożną piłką dzieje
Myślę o tym w dobrej wierze
Gracz się poci na boisku
Złodziej za to kasę bierze.

Gdy się przyjrzeć temu z bliska
Sport bogaty złotem błyska
Na stadionach postawili
Dużo ławek dla debili
I za miejsca tam nawiasem
Ktoś zarabia dużą kasę.

Lecz zanim mecz rozegrali
To go wcześniej już sprzedali
Potajemnie sprawa śliska
Sprzedano kolejne igrzyska.

Mafia położyła łapę
Kto dał sprzeciw dostał w czapę

Zamienili świata mapę
Powstałe na nowo stadiony
Obsiadły kruki i wrony.

Ten ma wygrać a ten przegrać
I po meczu po kryjomu
Zagarnęli całą kasę
I zwinęli się do domu.

Każdy ma w biznesie udział
Każdy spełnia inną rolę
Mecz się skończył nie po myśli
Do akcji wkraczają kibole.

Straszny zamęt tumult wielki
Latają kamienie butelki
Leje się na głowy wrzątek
Kto zapłaci za porządek?

Ustalono więc na koniec
A z ustaleń tych wynika
Że kosztami tych wybryków
Obciążono podatnika.

Bawi mnie to

Bawi mnie to że żyję
Jem śniadanie rano się myję
Że się nieraz wściekam
Ale nigdy nie narzekam.

Chodzę do ósmej klasy
Choć o dwa lata jestem stary
Lubię się czasem spóźniać

I udaje się na wagary.

Przez te przeklęte lasy
Nie zdałem do następnej klasy
Czy pan to trawi?
Bo mnie to bawi.

Bawią mnie na polu strąki
Gdy nasypię do studni mąki
Gdy po cichutku w nocy
Strzelam do okien z procy.

Gdy się w domu policjant zjawił
I wezwanie do sądu zostawił
Wodzi mnie na pokuszenie
Moje beztroskie bawienie.

Bawi mnie nawet skradzione
W sklepie ciacho wyniesione
Po cichu pod pachą
      A wiecie co się stało?
Bawienie nagle ustało.

Wracając wieczorem ze szkoły
Ujrzałem dwa anioły
Stanęły na mojej drodze
Calutkie mokre w miodzie.

Więc pomyślałem sobie
Małą wycieczkę zrobię
Choć może nie wypada
Odwiedzę ogród sąsiada
Przez płotek przeskoczyłem
I ule zobaczyłem.

Poszedłem więc do przodu
Wybrałem trochę miodu
Kwaterka mi z rąk wypada
Królowa na nos mój siada.

Na moją głowę całą
Tysiące się pszczół zleciało
Że śmiać mi się nie chciało
Zwyczajne robotnice
Maleńkie zwykłe kajtki
Tak mnie zaczęły kąsać
Że popuściłem w majtki.

Obsiadły ciała strony
Potwornie poraniony
I bardzo zniechęcony
Chyłeczkiem po kryjomu
Uciekłem więc do domu.

Twierdzę z powagą całą
Bawienie moje ustało
A więc pomogły mi pszczoły
Przestałem być wesoły
I żarty się skończyły
Stałem się bardziej miły.

Ela

Śniła mu się piękna Ela
A była to właśnie niedziela
Właśnie wtedy przy niedzieli
Przypomniał sobie o Eli.

Coś mu szepce tak to Ela
Ona to oczyma strzela
Prawdę mówi i do tego
Może dziś poleci na niego.

Przygładził więc bujną czuprynę
W lusterku zrobił bojową minę
Niebrzydki kawaler co tata
Tylko sześćdziesiąt dwa lata.

Mama mówi   coś ty Marek
          Ona straciła już wianek
          Nie jedź do niej tam jest Maniek
          To jest jej serca wybranek.

Odezwał się również tata
Nie stary sto cztery lata
Choć nie wyglądał na tyle
I nogi ciągnął w tyle
Jeszcze był zdrowy miał gadkę
Raz nawet chciał uwieść sąsiadkę
Skończyło się małym wypadkiem
I dostał od mamy w pomadkę.

          Nie chodź tam Marek co ty
          Mogą wyniknąć kłopoty
          Weź się lepiej do roboty
          Porozmawiaj ze starym ojcem biednym
          Może chlapniemy po jednym.

Nie odmawia się ojcu panie
Walnął Marek z ojcem po szklanie
Ubrał spodnie i nowe szelki
W torbie żytniej dwie butelki

Przypudrował sobie noska
Ładny chłopak Matko Boska.

Pognał motorem do Elki
Przystojny butny i wielki
Po drodze pociągnął z butelki
Jest zdolny już do małżeństwa
Dość już tego narzeczeństwa.

Wchodzi do domu zaciska palce
Elka leży na wersalce
A przy Elce Maniek w czapce
Co otrzymał ją po babce.

Pyta   Elka wolisz Mańka ?
    Popatrz droga widzisz Marka
    Nie rób takiej głupiej miny
    Wypędź dziada spod pierzyny
    Teraz zostań moją żoną.

Elka z miną zatrwożoną
Ugodzona w samo serce rzekła
    Spadaj Maniek przyszedł Marek
    On mnie kocha lat czterdzieści
    To mnie w głowie się nie mieści.

    Zbieraj Maniek swoje manatki
    Zbrzydły mi twoje gadki
    Idź lepiej do mojej babki
    Z nią się ożeń ty poczwaro.

Wystawiła piękną buzię
Marek dał jej wspaniałą różę
I przyklęknął na kolanie

Elka rzekła   tyś mój panie.

Weselisko się odbyło
Kocha Elę z całą siłą
Na tę miłość co u kata
Czekał tylko czterdzieści dwa lata.

Ela troszkę pomarszczona
Siedemdziecha już skończona
Ale przyjaźń im rozkwita
Jego kochana kobita
A miłość cudowna wyśniona
I w końcu została spełniona.

Dwa zakręty

Anomalie pogodowe różne dziwy
Igrzyska samoloty i lotniska
Różne strony dziwne kraje
Założenia czy zwyczaje
Kryją w sobie tajemnice
Nawet z pracy dużo huku
Można śmiać się do rozpuku.

Takie państwo z prezydentem
Urzędowe instytucje
Jest parlament sejm i senat
A na końcu konstytucja.

Konstytucja najważniejsza
Praw to ludzkich fundamenty
Ktoś wysunął propozycję
Zlikwidujmy zakręty.

Stanisław Pysek Prusiński

Ale po co likwidować
Można je sprywatyzować
Założono zatem z góry
Mamy przecież prostą drogę
Gdy zapłacisz za skręt w lewo
Możesz stuknąć nawet w drzewo
Możesz zderzyć się z sarną
Lecz pamiętaj nie za darmo.

Ale jak skręcasz na prawo
Rób to z życiem nie niemrawo
Nie uśmiechaj się głupawo
Nie zapłacisz prawko stracisz.

Policzono więc zakręty
W lewo były trzy miliony
W prawo milion sto czterdzieści
Prezydent zadowolony.

Referendum zrobić można
A właściwie to i po co
Mamy przecież prostą drogę
Ale czego tu chcieć więcej
Trzeba będzie więc przekazać
Zakręty w prywatne ręce.

Długo się nie zastanawiano
Zakręty sprywatyzowano
Bramka w lewo pół złotego
Bramka w prawo dziesięć złotych
Droga prosta jest za darmo
Od niedzieli do soboty.

Jedziesz prosto nic nie szkodzi

Czy zajedziesz tam gdzie musisz
Po drodze pierwszeństwo wymusisz
To nikogo nie obchodzi.

Gdy więc skręcasz w lewo i prawo
Za skręcanie musisz bulić
Możesz stać na prostej drodze
Do chodnika głowę tulić.

Do budżetu leci kasa
Niezły projekt pierwsza klasa
Teraz krótka stąd riposta
Niech nam żyje droga prosta.

Świat idealny

Świat idealny jest bez szansy
Każdy ma swój własny świat
Matka ojciec syn i brat
Świat należy do rośliny
Do zająca i zwierzyny.

Tak jak rośnie zwykły las
Świat cechuje własny czas
Lądy miasta wsie zatoki
I zmieniają się epoki.

Świat nie do końca jest poznawalny
Nigdy nie może być idealny
Na świecie dobro ze złem się ściera
I w końcu niestety umiera.

W idealnym zwykłym świecie
Nie ma szansy na przeżycie

Stanisław Pysek Prusiński

Równe szanse równe prawa
Przyszłość dziwna nieciekawa.

W oceanie zwykła ryba
Nie boi się wieloryba
On jej nie zje nie ma prawa
Zagmatwana to jest sprawa.

Jak wyżywić kulę ziemską
Gdy się ludzkość tak rozmnoży
Gdy nie będzie nawet miejsca
Żeby ludzkie kości złożyć.

Zniknie wojsko i policja
I nastania prohibicja
Narkotyki znikną z pola
Ludzie gdy przestaną walczyć
Będą cieszyć się i tańczyć.

I co dalej? Na jak długo?
Pan całuje się ze sługą
Kto i komu teraz służy
Nie ukradniesz po kryjomu
Nie masz swojego domu
Wszystko wspólne dzieci żony
Psy i koty i pontony.

Biegasz zatem wystraszony
Nic nie możesz teraz spieprzyć
Nawet sąsiada opieprzyć
Czy poderwać jego żonę
O przepraszam zabronione.

Nie możesz też żonie nakłamać

Tak idzie się teraz załamać
Chcesz się bić i robić dym
Nie masz czym i nie masz z kim.

Diabła zabrakło i nie kusi
Nikt cię do pracy nie zmusi
Jesteś wolny nic cię nie obchodzi
Źle ci teraz nie narzekasz
To powiedz w końcu
            O co tobie chodzi?

Nie chcesz idealnego świata
Chcesz wrócić do tego co było
Szanuj i ciesz się tym co masz
I aby gorzej nie było.

Los i Loska

Miał na imię Marian Los
Wielkie wąsiska i duży nos
Chłop potężny i barczysty
Bardzo mądry gdzieś od Wisły.

W mieście niezłą miał pozycję
Bo od dawna był burmistrzem
On przed nikim się nie chował
Wszyscy spali on pracował.

Żona Marika Kryśka Loska
Zgrabna babka
W biodrach gruba w talii wąska
Udzielała się społecznie
Choć czasami niebezpiecznie.

Stanisław Pysek Prusiński

W Loskich domu wszystko było
A dobrobyt jak za Sasa
Barek suty full lodówka
Tylko żyć popuszczać pasa.

Mąż do domu późno wraca
Braknie czasu ciągle praca
Żona zaś poprawia loki
I ogląda się na boki.

Czasem dziwnie bez pojęcia
Gdy brakuje jej zajęcia
Gdy nic nie ma do roboty
Pojawiają się kłopoty.

Ludzie wszystko obserwują
Loska w kinie czy przed szkołą
Zawsze wyżej jest i mierzy
I w uśmiechach ząbki szczerzy.

Czasem nocą w miejskim barze
Uczy grać się na gitarze
Nie popiera prohibicji
Nawalona na policji
W komitecie robi burę
Wczoraj rozwaliła furę
Słabo trenuje kulturę.

Marian żonie się przygląda
Często też poprawy żąda
Kryśka proszę nie igraj z losem
Patrząc na jej stopy bose.

Matko Boska co jest Loska

To jest miasto to nie wioska
Ona stroi modny włos
I powiada to mój los.

Dnia pewnego coś się stało
Loskę coś gdzieś zatrzymało
Więc pomyślał Los kochanie
Dziwne jakieś zatrzymanie.

Gdzie jest Loska Matko Boska
Szuka miasto szuka wioska
Nadzieja i wielka troska
Nie znaleźli znikła Loska.

Coś Losowi nie pasuje
Coś ta Kryśka kombinuje
Wiadomo o żonę troska
Marian miał ten jednak noska.

Gdy usłyszał raz w słuchawce
    Słucham Loska
Teraz to już znajdę mendę
Pędem pognał na komendę.

Bardzo szybko się połapał
Loskę z komendantem złapał
Tak komendant grał z burmistrzem
Bo był w pewnych sprawach mistrzem.

I dopiero tam się działo
Marian sam wymierzył karę
Lał amanta jego pałą
Przez godzinę a o zmierzchu
Odesłał go do aresztu.

Przeprosiła męża laska
W tym przypadku żadna łaska
Właśnie dziś się pogodzili
Jedzą ciasto piją kawę
I za karę Pani Kryśka
Kosi w magistracie trawę.

Czasem figle płata los
A i rozwód był o włos.

O jedną duszę za mało

Dawno temu szatan stary
Mieszkał w piekle lat tysiące
I nikogo się nie słuchał
Jak się wściekał to ział ogniem
Póki się nie udobruchał.

A wiadomo duch piekielny
Bywa zwykle nieśmiertelny
Dusz złych przybywa nie ubywa
I diablica jest szczęśliwa
Bo liczy się dusze na sztuki i miarki
Tak że przechodzą ciarki.

W piekle ogień dym i syczy
Diabeł rano dusze liczy
Bije łuna wielkie światło
Dziesięć razy się pomylił
Jednej duszy mu zabrakło.

    Coś takiego w moim piekle
Demon rozgląda się wściekle

Gdzie się dusza zapodziała
Może do nieba nawiała?

Całe piekło tak się stara
Ogłoszono wielki alarm
Pluton diabłów się wyłania
I rusza na poszukiwania
To jest właśnie sprawy sedno
Co się stało z duszą jedną.

To jest prawie niemożliwe
Diabły są na dusze chciwe
W całym piekle na wybiegu
Stanęły dusze w szeregu
Oczekują na katusze.

    Znajdźcie duszę bo was zmuszę
Rzecze Demon
    Zaraz sam dołożę ręki
    I potroję wasze męki.

I nastała w piekle cisza
Każdy dobrze diabła słyszał
Ale w piekle winnych nie ma
Może diabeł tylko ściemnia.

W piekle nigdy cudów nie ma
Nagle z dala się wynurza
Jakaś tłusta świnia duża
Do demona się odzywa.

    Niech się bestia już tak nie ślini
    Twoja dusza siedzi w świni
    Jestem tak zakłopotana

I się przyznać teraz muszę
Zabierz diable ze mnie duszę.

Coś takiego ryczy diabeł
Nie chcę takiej świni w piekle
Spadaj z piekła świnio droga
Bo mnie świerzbi moja noga.

Diabeł szybko z tym poradził
Takiego jej kopa przysadził
Niechcący o kocioł zawadził
I z kotła wszystko wyciekło
Że smołą zalało piekło.

Diabeł nie odzyskał duszy
Świnia w dali zęby suszy
Lepsze niebo niżeli piekło
I tak się świni upiekło.

Mucha i pszczoła

Mała mucha myśli sobie
Nikomu ja krzywdy nie robię
Lecz mnie wszyscy nie kochają
I ciągle pretensję mają.

Jakieś dziwne meble ciuchy
Łóżka sofy i poduchy
Zupa chleb i prowiant suchy
Nie jem dużo lecz próbuje
A człowiek na mnie pomstuje.

Coś to tutaj się nie zgadza
Do szału mnie doprowadza

Przecież złego nic nie robię
Tylko czasem siądę sobie
I pobrzęczę w takt muzyki.

Co ja mucha mogę począć
Muszę usiąść i odpocząć
Kiedyś nawet za wygonem
Krowa trzasnęła mnie ogonem
A było to na Podhalu
Trzy dni leżałam w szpitalu.

Na to pszczoła z wielkim krzykiem
Mucho   ty jesteś szkodnikiem
      Brzęczysz skrzydełkami machasz
      Tak bez celu w górze latasz
      W dni powszednie i przy święcie
      Znajdź sobie jakieś zajęcie.

Ludzie w pracy tak się trudzą
Trzeba sprzyjać biednym ludziom
Trzeba pomóc a nie bzykać
Mucho przestań wreszcie brykać
Bo to nic nie wyjdzie z tego
Lepiej zrób coś pożytecznego.

Popatrz ja też mam skrzydełka
Mieszkam w ulu i pracuję
Jestem bardzo pożyteczna
I bardzo dobrze z tym czuję
Nadgodziny ciągle biorę
Tak że nieraz nóg nie czuje
Czy gorąco czy też chłód
Robię pożyteczny miód.

Lubię latem polne kwiatki
Ranek mnie z uśmiechem budzi
Ludzie dobrzy są dla pszczółki
Pszczoła dobra jest dla ludzi.

To jest bardzo ważna rzecz
Nikt ci nie da darmo żreć
Mucho nie licz na darmochę
Do roboty weź się trochę.

Rzekła mucha   nie da rady
Nie wejdę z człowiekiem w układy
Nie będę latem biegała za kwiatem
Nie zamieszkam jak ty w ulu
Wolę lepiej nic nie robić
I zadawać ludziom bólu.

To powiedziała szalona Mucha
Poprawiła skrzydłem czapkę
Wykonując dzikie ruchy
Zabrzęczała zaskrzeczała
I wpadła w pułapkę na muchy.

Wszystko przez włosek

Więc po kolei nie wszystko na raz
W dziale produkcji powstał ambaras
A to przez taki zwyczajny dżem
Ty może nie wiesz lecz ja to wiem.

Pewna filuterna dzierlatka mała
Włosków dokładnie nie wyczesała
I zapomniała włożyć czepeczek
Więc to zachwiało ten porządeczek.

A w magazynie tam ze słodziakiem
Niejedna beczka jest niezakryta
I przez to bzdurne niedopatrzenie
Tak to się stało nie pomyślita.

Tak przez włoseczek pięknej blondynki
Trwa tam kontrola cztery godzinki
A pracownica ta buzia blada
W biurze u szefa się teraz spowiada.

Łzy pannie lecą mięknieje głosek
Skąd się w beczułce znalazł jej włosek
A właściciela aż głowa boli
Przez jeden włosek dziesięć kontroli
Ale rozróba a niech to licho
Pan prokurator i panie z PIH-u
Sprawdzają smaki i wszystkie normy
Czy się zawartość cukierna zgadza
I buraczane wszystkie procenty
Zagląda w kąty SANEPID święty.

Wszystko zamknięte jest czekadełko
Alarm przez włosek i to światełko
Porządek bardzo jest naruszony
Kolor czerwony i wielki zamęt
Z powodu włoska taki remanent.

Mimo to

Nie byłoby epopei
Bez nadziei
Że życie jest piękne
Chociaż czasami coś pęknie

Być może popsuję
Doświadczenie życiowe kosztuję.

Dostajemy nieraz wciry
Prześladują nas wampiry
I moce złe
Ale nie jest aż tak źle.

Historia powstaje i tworzy się sama
Umarł i nie wróci ojciec czy mama
Wspomnienia i marzenia szanowane
W oblicze nowego czasu wplatane.

Skrywane gdzieś w lustrzanych przestworzach
Jak pomnożyć to czego jeszcze nie ma
Gdzie zmierza przyszłość halucynacji
Przenikając bezkresność minionego czasu?

Nowy świat i inna rzeczywistość
To co mamy pozostawia po sobie
Zamglone plany rozbujałe i kończące
Jak bezkresne niebo i gorejące słońce.

Potężne przyszłości przeszłości
Walczące ścierające się turbiny
Zakręconym lustrzanym światłem targają
I unoszą w dal niewidzialnego świata.

Fantazja

Jest w tym bardzo dużo racji
Fantazja to odmiana lekkiej wariacji
Dobrze czasem pofiglować
Jak również pofantazjować.

Fantazja jest wpleciona w życie
Można ją spotkać wszędzie
W polityce w zadymionej fabryce
W domu w piwnicy na urzędzie.

Fantazja znaczy tak wiele
Uprawia ją nawet więzień w areszcie
Wierząc że wyjdzie nareszcie
I w kościele ma do powiedzenia wiele
Co niedzielę.

Korzystając z tej okazji
Pozostając w tym temacie
Doszukujcie się fantazji
I uwierzcie że ją macie.

Fantazje mają ludzie drzewa
Zwierzęta i gady
Mają ją również źli ludzie
Nawet zwykłe darmozjady.

Fantazję na przykład ma pijak
Oparty pod rozłożystą palmą
Lecz to się nie mieści w regule
Bo jego fantazja to bóle
Fantazja z racji kaca
To nie wzbogaca.

Fantazje brzydkie płytkie
Przebojowe pokojowe
Fantazje bujne nachalne normalne
Przechodzą i płyną jak strumień
Fantazjuj lecz zawsze z rozumem.

Fantazjują małe dzieci
Ludzie biedni i bogaci
Bardzo dużo i artyści
Bo fantazja się opłaci.

Masz okazję i twórz fantazję
I uśmiechaj się normalnie
Nie krzywo jak w bólu
Kochana królewno czy nadęty królu
Nie wyginaj się tak żywo
Możesz zwichnąć pupę krzywą.

Kiedy jedziesz samochodem
Do kierownicy usiądź przodem
Fantazyjne lecz nie miło
Nie opłaca się jechać do tyłu.

Fantazja lubi normalność
I po co ci tracić?
Bo możesz mieć problem morowy
I uderzyć tyłem głowy.

W czasie jazdy mój kochany
Mimo żeś jest opieprzany
Nie odszczekuje się do żony
Nie rozglądaj się na boki
Buzia na klucz noga z gazu
Sto dwadzieścia nie od razu.

Fantazyjnie się uśmiechaj
I oddychaj uczuciowo
Wtedy wszystkie stresy zgubisz
Dojedziesz cało i zdrowo.

Po przyjeździe z tej okazji
Z żoną swoją dla fantazji
Skosztujcie dobrego wina
Niech was się fantazja trzyma.

Gdy teściową masz niedobrą
Nie ukrywaj się pod kołdrą
Wstań odważnie fantazyjne
Cmoknij mamę zięciu drogi.

We dwie rączki daj jej kwiaty
Wyrzuć chmurkę złości
I podziękuj że ci dała
Taką fantazyjną córkę.

Mama tak to okazyjnie
Pisze czeka fantazyjnie
Kiedy może zwichniesz nogę
Głową stukniesz o podłogę
Zabiorą ci zapomogę
Gdy ci serce bić przestaje
To pamiętaj pani panie
Ważne jest fantazjowanie.

Lecz fantazjuj bez przesady
I posłuchaj dobrej rady
Gdy tylko masz ku temu okazję
Wdrażaj do życia zwyczajną fantazję.

Nie leć na mnie

Nie leć na mnie nici z tego
Znajdź sobie kogoś innego

Stanisław Pysek Prusiński

Ja nie jestem w twoim typie
Jak mnie ściskasz ledwie zipie.

Zrozum proszę droga Tylo
Nie utrzymam dwieście kilo
Ja nie jestem chłopa kawał
Ściśniesz mnie może być zawał.

Ja rozumiem czego żądasz
Ty po prostu mnie pożądasz
My musimy wszystko zmienić
Nie mogę się teraz ożenić.

Zrozum Tylo jestem młody
Muszę trochę zdobyć kasy
Kupić mieszkanie i Fiata
Chcę mieć złotko coś swojego
Moja droga nici z tego.

W twoim domu zawsze goście
Tobie to się żyje prościej
Tyś bogata masz fortunę
I stać cię nawet żuć gumę.

Tyla mocno się wkurzyła
Tak mi kopa zasadziła
Że przez okno wyleciałem
Ale kiedy nie wiedziałem
Bo na chwilę zapomniałem
Ale tego nie żałuję
Nawet trochę ulgę czuję.

Tyla też do siebie doszła
Wyszła za bogatego posła

Choć koślawy i grubawy
Słucha się i nie ma sprawy
Ale długo z nim nie żyła
Bo go ciałem wykończyła.

Weźmiesz Tyle będziesz w tyle
    I to tyle.

Halloween

Rozrywka kino obrzędy zwyczaje
To do myślenia nam dużo daje
Kultura wzrasta dźwiga się urasta
Miłość maleje zawiść wzrasta.

Mamy rocznicę święta państwowe
Różne parady zwyczaje nowe
Przy tym wytwarza się dużo szumu
I propaganda rośnie niechybnie
Życie się toczy trzeba coś działać
Gdy przestaniemy wszystko zastygnie.

Więc promujemy co się nawinie
Warto tu wspomnieć o Halloweenie
Skąd się więc wzięło to dziwne święto?
Otóż wyjaśnię i bardzo krótko.

Pewien osobnik niepoczytalny
Tak mocno opił się zwykłą wódką
Więc stroił głupie ruchy i miny
Wariował może cztery godziny.

I stała rzecz się dziwna i nagła
Przypadkiem skacząc nadepnął diabła

Diabeł się wkurzył na osobnika
I plunął ogniem wynikła draka
      Spalił biedaka.

Zostały tylko popiół i kości
Szatan był dumny skakał z radości
Poskręcał kości i stworzył trupa
Straszną pokrakę spalona pupa.

I kości czaszki sterczą wymownie
I wsadził w oczy palące kije
Proszę popatrzeć mamy widownię
Zmyślna pokraka i niezła draka.

Szatan się z pięknym widokiem bawił
Ludzie przybiegli wszyscy ciekawi
Widok to niezły chociaż wulgarny
Nanieśli wódki zagrychy win
I mamy święto to Halloween.

Ku pokrzepieniu

Dusza młoda dumna dziarska
W głębi serca łka żałośnie
Rusz się ciało obolałe
Dość leżenia marsz ku wiośnie.

Duch nie będzie długo prosił
Wiercił się i stękał
Lecz opuści twe serduszko
Gdy ty będziesz pękał.

Duszku z nieba mnie potrzeba
Wsparcia i miłości

Właśnie teraz w tym momencie
W twym sercu zagości.

Pysek prostuj swoje plecy
Nie martw się zawczasu
Skoro słońce rankiem błyśnie
Na spacer biegnij do lasu

Zakochanie

Zakochanie jest wplecione w życie
Traktowane należycie
Opłaca się i wzbogaca
Urozmaica nasze bycie
Zakochacie się to uwierzycie.

Co się dzieje co się czuje
Gdy się człowiek zakochuję
Obojętnie czy osa czy jeż
Czy może zwyczajny zwierz.

Zakochanie na początek
A później wyrasta uczucie
Miłość szacunek wzajemność
A później wytwarza przyjemność.

Co dotyczy zakochania
Taka przypadkowa Mania
Zakochała się w Leonie
Niestety bez wzajemności
Bo Leon nie myślał o niej.

Mani duszę ogarniało
Paliło żarzyło się ciało

Tak bardzo Mania szalona
Kochała tego Leona.

Co zrobić jak miłość ugasić
Co zdziałać i jak wytłumaczyć
Jak pomóc tej biednej Mani?
I kogo należałoby zganić.

I miłość bez wzajemności
Mania ma częste nudności
Bardzo chudnie bo pości
Niedługo choroba ją zżarła
Niestety biedaczka umarła
Leon się spił po pogrzebie
I umarł i też jest już w niebie.

Kto winien czy Mania czy Leon?
Czy zakochanie jest winne
To zakochanie naiwne
Bzdurne i dzikie i dziwne.

Zakochanie w życiu stwarza
I różnych problemów przysparza
Można również dużo zmienić
Zawodowo się zakochać
Nawet szybko się ożenić.

Mamy problem rozwiązany
W żonie własnej zakochany
Wszędzie razem ranki mroki
Jak świat długi i szeroki
Podziwiają piękne niebo
I piękne w górze obłoki.

Kiełek

Mały kiełek patrzy w niebo
Matka konar duże drzewo
Jest szczęśliwy wietrzy wiosnę
Myśli głośno   jak urosnę
    Będę duży i przejrzysty
    Boski drzewny konar czysty.

Pada deszczyk rośnie dusza
Kiełek żwawo w górę rusza
Tak to właśnie z ziarnkiem bywa
W nocy rośnie w dzień spoczywa.

Jest południe pachnie cudnie
Ziarnko drga radośnie
Przebojowo kiści w górę
I szybciutko rośnie.

    Czas przesadzić cię roślinko
Rzekł ogrodnik siwy
W nowe miejsce do ogródka
Nowe ujrzysz dziwy.

Przesadzono więc sadzonkę
W nową ziemię złotą
Oddzielono od matusi
Zostało sierotą.

Minął roczek jeden drugi
Zima wiosna słota
Zmężniała nam i podrosła
Dębowa sierota.

Nic kiełeczka dziś nie zmoże
Słota wiatry ziąb
Za kilka wiosen urośnie
Silny zdrowy dąb.

Podsłuchy

Świat buduje się rozrasta
Rosną parki wioski miasta
A ludzkości wciąż potrzeba
Miłości pieniędzy i chleba.

Popatrz więc na swoje ręce
Coraz bardziej wyciągnięte
Czasem na dół nieraz w górę
Taką mamy już naturę.

Komputery robią swoje
I codziennie na orbitę
A daleko gdzieś w przestworzach
Mamy nową satelitę.

Nauka ciągle się rozwija
W buzi błyszczy plastik fajka
W supersamie możesz nabyć
Prosto z farmy sztuczne jajka
Takie same jak i kurze
Tylko o dwa razy duże.

A w dzienniku nowy bajer
Znów powiesił się gdzieś frajer
Premier też otrzymał power
Więc musimy zrzucać sadło
Za dużo się mięsa jadło.

A to co dotyczy mięsa
Przykładem jest Pan Kalenta
Który dziwne robi ruchy
I mocno popiera podsłuchy.

W telewizji są rozruchy
Wielka walka o podsłuchy
Burmistrz sekretarkę mufał
A księgowy ich podsłuchał.

Kto był w dole kto na górze
I doniósł prokuraturze
Powiedział to jak na spowiedzi
Burmistrz mufał a on siedzi
Co to też wyczynia motłoch
Nawet w więzieniu jest podsłuch.

Na wsi Ferdek zwinął bańkę
Mańka w bańkę wlała mleko
Sołtys w zbożu z żoną pufał
W międzyczasie ich podsłuchał.

Koń podsłuchał swego pana
Że jest słaby do roboty
Pan powiedział że za konia
Pługi będą ciągnąć koty
Koń pomyślał tak nie będzie
Sprawa toczy się w urzędzie.

Że to podsłuch się opłaca
O tym może pastor powiedzieć
Nigdy mu wszystkiego nie mów
Bo też możesz kiedyś siedzieć.

Pastor podsłuchał kiedyś bacę
Że w niedzielę dał na tacę
Z własnej po prostu ochoty
Coś około tysiąc złotych.

To nieprawda takie kłamstwo
Pastor pomyślał zwykłe chamstwo
Gdy w niedzielę chodził z tacą
To oglądał się za bacą
Baca tak zarobił tacą
Do tej pory nie wie za co.

A Marysia podsłuchała
Że jej Antek zajdzie drogę
Pod spód nic nie założyła
I straciła zapomogę.

Mama dzwoni do kuzynki
Kłóci się o jakieś szminki
Tato śledzi ją na drzewie
Już około dwie godzinki
Złość nienawiść go rozsadza
W końcu musi się dowiedzieć
Z kim go jego żona zdradza.

W mieście na wsi w słońcu w cieniu
Podsłuch znajdziesz i w kamieniu
W drzewie trawie sztucznej żabie
W pokoju pod łóżkiem na strychu
Nawet w chlewie w oborniku
I w łazience i w nocniku.

Nie śpij w nocy bo ci żonka

Podsłuch zamontuję w członka
Gdy wejdziesz do swojej chałupy
Nic nie gadaj siedź po cichu.

Kiedy wschodzą zorza ranne
Cicho szepcz modlitwy ranne
Chociaż tego się nie czuję
Może diabeł podsłuchuje.

Z podsłuchów wynikła panika
Podsłuchała polityka
I doniosła do brukowca
Zwykła gospodarska owca.

Oficjalnie to zrobiła.
Polityk ten dużo stracił
W kolejności podsłuchała
I tego kto jej zapłacił.

Podsłuchują też zwierzęta
Sarny wilki i szympansy
Nie wchodź więc do lasu teraz
Podsłuchają nie masz szansy.

Myślą rządcy pusto w kasie
Skąd tu na reformy wziąć
Wszystkie sierpy potępione
Nie ma czym już zboża żąć.

Ale doszły mnie dziś słuchy
Mają kasę na podsłuchy
Podsłuchujmy się legalnie
Nie tak głupio i nachalnie.

Wprowadźmy lepiej nie grzeszną
Dla wszystkich spowiedź powszechną
Żeby tak w dzień przy niedzieli
Wszyscy o wszystkim wiedzieli.

Skleroza

Mają ją wszyscy wójt i mafioza
Ma ją bratowa wuj i teściowa
To jest choroba zanik pamięci
Ona nie boli zwyczajnie kręci.

Zanik pamięci to brzydka wada
Osobnik taki prawdy nie gada
Wczoraj zapomniał co dzisiaj jadł
Zapomniał drogę do studni wpadł.

Zamiast do pracy poszedł na wojnę
Igrał z ogniem zupę przypalił
A uczeń w szkole zarobił pałę
Przyszedł do domu i jeszcze się chwalił.

Zamiast fontanny trzymał się płota
Dużo kosztuje taka robota
Domu nie zamknął dzisiaj na kłódkę
Zamiast się żenić poszedł na wódkę
Teraz żałuję siedząc w komorze
        Oddaj mi pamięć zgrzeszyłem Boże.

Zanik pamięci mają i święci
Ale aniołom to się upieka
Nieraz podpadną coś tam poknocą
Co w dzień popsują naprawią nocą
Bozia się wkurzy tak ich wyświęci

Szybko więc wraca pamięć i chęci.

Zanik pamięci to skutki wódki
W barze kościelną piosenkę nuci
Wtedy odzyska natychmiast pamięć
Gdy barman w klienta butelką rzuci.

Bywa i także również czasami
Że założyłeś spodnie z dziurami
Przez nieuwagę wyjrzał ci członek
Wstydzi się dziadek wujek czy Bronek.

Zapomniał zmienić koło u woza
Wolno uciekał zginął mafioza
Diabeł się koło duszyczki kręci
Do piekła poszedł już bez pamięci.

Nie zapominaj babo i chłopie
Lepiej zatrzymaj się więc na stopie
Bo ci policjant karę dokopie
Może i nawet za to cię wsadzą
Zamkną na klucze i jeść nie dadzą.

Zamiast pogrzebu było wesele
Na świecie bywa pomyłek wiele
Walcz ze sklerozą z pomocą Bożą
Choć cię choroba może przycisnąć
Będziesz trenował to wygrasz walkę
Możesz pamięcią nawet zabłysnąć.

Cóż nic nie zdziałasz musisz tak przystać
Lecz nie zapomnij że musisz jeść
I trzymaj fason nie daj się zwieść
Inaczej koniec chwała i cześć.

Fabryka dymu

Dziś się chwalę wiecie czym
Zacznę produkować dym
Pachnący niegroźny u kuruca
Taki co się na płuca nie rzuca.

Proszę słuchać i się nie burzyć
Cicho w kącie mam powtórzyć
Powiem państwu teraz dużo
Zbuduję fabrykę kurzu.

Przyjechałem dzisiaj z Rzymu
Właśnie w sprawie tego dymu
Dym jest ważny powiem wszędzie
W domu w pracy na urzędzie
Zrozumiano czy powtórzyć
Chcesz mieć czysto masz odkurzyć.

Stworzę nowe miejsca pracy
Posłuchajcie mnie rodacy
Sprawa prosta więc na wietrze
Zwyczajne czyste powietrze
Zasysane jest przez rury
I wpada do wielkiej dziury
Przechodzi przez wielkie młyny
Mielone jest cztery godziny.

Trochę kwasu i wodoru
Odrobinę wapna i chloru
I z komina dym wychodzi
Dym ten nikomu nie szkodzi.

Zapytajcie mojej żony
Że został dokładnie sprawdzony
Nie pożre ci płuca ta warstwa
Używasz to zamiast lekarstwa
To same zalety niestety.

Mój dym się na oczy nie rzuca
Przeciwnie wypłucze ci płuca
Nie będę się teraz tu chwalić
Nie będziesz już musiał palić
Zaoszczędzisz na papierosach
Nie mówiąc o czarnych włosach.

Nie musisz wyjeżdżać na Krym
Masz własny czysty ojczysty dym
Już kończę tylko pół zdania
Czy państwo macie jakieś pytania?

Odzywa się gdzieś z kąta Renia
Nie szukaj kolego jelenia
Mój stary jak tylko się ściemni
Pijany za darmo mi dymi.

Dlaczego mam dodatkowo tracić
I za dym twój z komina płacić
I chwalić się nie masz czym
On tu przyjdzie to zrobi ci dym.

Tak wioska mnie nie poparła
I inwestycja upadła
Straciłem na tym dużo
Projekty i fabrykę kurzu.

Dobrze że miałem wtyki

Więc wpadłem do polityki
Pokłoniłem się tej bandzie
Biorę udział w propagandzie.

Założyłem własną partię
O pieniądze się nie martwię
Teraz stać mnie i na Krym
Robię w polityce dym.

Wyspa bezludna

Żyć na świecie wszędzie trudno
W Afryce i w Ameryce
Trzeba tyrać pod przymusem
Często mijać się z luksusem.

Jeść pierogi chleb i mięso
Choć nogi się z wysiłku trzęsą
Więc kupiłem mapę świata
I usiadłem raz w południe
Co się męczyć w takim ścisku
Kiedy miejsca są odludne
Małe wyspy piękne cudne.

Mam na koncie trochę kasy
Więc wybiorę się na wczasy
Pod nosem melodię nucę
Znajdę wyspę już nie wrócę.

Więc nabyłem dużą łódkę
Chleba sera i kiełbasy
Dwie butelki czystej mocnej
Popłynąłem sam na wczasy.

Silne prądy morska woda
Bardzo piękna jest pogoda
Śliczne i bezchmurne niebo
Oddaliłem się od brzegu.

Nadszedł wieczór i zgłodniałem
Ale kursu nie zmieniałem
Łódź unosi się na fali
Słyszę jakieś krzyki w dali.

Wielka łódź się do mnie zbliża
Co się dzieje co u diaska
Widzę dziwne postacie
Jedna druga trzecia maska.

By odwagi nie zatracić
Jem kiełbaskę i popijam
Za swoje nie muszę tracić
Co mnie obchodzą piraci.

Trwało to tak z pół godziny
Leżę zaplątany w liny
Wzięli wszystko żarcie łódkę
I zamknęli mnie na kłódkę.

Wczesnym rankiem się ocknąłem
Leżę w lesie tuż przy plaży
Słońce mocno coś przygrzewa
I mnie w goły tyłek parzy
Jakaś dziwna czarownica
Na patelni ryby smaży.

Pomyślałem to już koniec
To na pewno ludożercy

Stanisław Pysek Prusiński

Już niebawem moje serce
Na patelni będzie skwierczeć
Szkoda w dzień wspaniały cudny
Umrzeć na wyspie bezludnej.

Ludożercy się zlecieli
Czynią tańce i wyskoki
Wszyscy mają łuki w rękach
I pomalowane boki
Nigdy tego nie widziałem
Jak świat długi i szeroki.

W myślach żegnam dom rodzinę
Myślę mam jeszcze godzinę
Oj wycieczko nieudana
Witaj niebo szkoda pana.

Nie płaczę jestem twardzielem
Chociaż sznurek mnie uwiera
Lecz nagle spojrzałem w górę
O Boże ukryta kamera.

Cały czas myślałem mylnie
Właśnie grałem w nowym filmie
Ludożercy to aktorzy
Też płynęli na tym morzu.

Oni mnie z łodzią zwinęli
I do brzegu zaciągnęli
Bym się pewnie mocną dopił
A może niechybnie utopił.

Dobrze to się właśnie stało
Chyba przegiąłem z gorzałą

Bo kiełbasa dobra była
Ona mi nie zaszkodziła.

Gdy chcesz na wyspie przebywać
Musisz się nauczyć pływać
Nigdy na samotne wczasy
Nie bierz wódki do kiełbasy.

Żegnam do jutra wieczorem
Nareszcie się dzisiaj wyśpię
Tak więc zostałem aktorem
Przypadkiem na bezludnej wyspie.

Nasza pielęgniarka

Powabna Pani w wielkim szpitalu
W biały fartuszek skromnie odziana
Ukrochmalony krótki kołnierzyk
Dumna wesoła i roześmiana
Na głowie czepek do lekarstw miarka
Łatwo odgadnąć to pielęgniarka.

I w dni powszednie niedzielę święta
Mądra przezorna i nieugięta
Z bólem się chorych chorobą zmaga
Aniołem stróżem jest i pomaga.

W swojej wielkości hartu miłości
Wielkiej prostoty i szlachetności
Na równi z chorym z bólem się spiera
Da dobrą radę i w tej zasadzie
Ogromny nacisk na zdrowie kładzie
Trudna to praca i obowiązki
Wszystko pamięta mówi jak z książki.

Przyniesie napój zimny z lodówki
Poprawi pościel zmieni kroplówki
Poda lekarstwa z dobrym wynikiem
A gdy marudzisz grozi zastrzykiem
Ta miła pani zadba o ciebie
Czujesz się tutaj lepiej niż w niebie.

Czasami chory bardzo grymasi
To go ostudzi gorączkę zgasi
Gdy jest niegrzeczny i źle się czuje
To pani w czepku to skontroluje
I zachowanie brzydkie wybaczy
I jest już lepiej fajniej inaczej.

Przekręt

Zakręcić przekręcić dokręcić
Ile trzeba się namęczyć
Przekręt na lewo czy prawo
Wiąże się zawsze ze sprawą.

Wczoraj przekręcił się jakiś gość
Znudziło mu się może miał dość
Tyle się w życiu nakręcił
Że się potwornie zmęczył.

Pomyślał zegarmistrz zjem zupkę
I dokręcę w budziku śrubkę
Wskazówki bez nakręcenia sprężyny
Stoją w miejscu i tracą godziny.

Baletnica na planie jej przekręcanie
I wykręcanie na ekranie

Zmieniając pozycję tysiąc razy
Do nonsensu się wykręca
Jest taka sama tylko potwornie
Bo wykręcona zmieniona.

Wstyd szefa ktoś nakręcił
Ten problem nakręcił
Namęczył i stworzył dwie strony
I za krętactwo został zwolniony
Nigdy nie za karę
Rozkręcaj się na miarę.

Nie miej mi za złe

Mąż do żony odezwał się nagle
    Słuchaj kochanie nie miej mi za złe
    Że wracam w nocy że wódkę piję
    Że nóg nie myję często przeklinam
    Że śpię w skarpetkach i czasem w czapce
    Odszczekam często i twojej babce
    Przepraszam żono cię za to wszystko
    Pewnie niedługo zmienię nazwisko.

Słuchała żona męża wywody
Więc pomyślała facet nie młody
I nie bogaty a tak się sadzi
    Nie mamy dzieci więc doprowadzić
    Trzeba do końca te nasze sprawy.

A więc odrzekła żona
    Jesteś ciekawy?

    Jesteś przystojny ale głupawy
    Nie wracasz w nocy nie masz kochanek

Wcale nie musisz
 Śpi ze mną Maniek.

Pijesz z głupoty i niszczysz zdrowie
Leżysz pod drzewem tylko się męczysz
Ja również piję lecz nie za swoje
Korzystam zawsze z portfela Staśka
Spokojna twoja klepana baśka.

Gdy ty się kłócisz zatykam uszy
To mnie nie bawi i nie ciekawi
Ja śpię na goło jest mi wesoło
I sny mam głupie i mam to w pupie.

I nie narzekam że źle się powodzi
Mnie nie przeszkadza masz nogi bose
Czasami w plecach przynosisz kosę
Gdy coraz częściej trzymasz się płotu
Słuchaj kochany nie masz polotu
I to już wszystko więc zmień nazwisko.

To powiedziała żona do męża
I wypuściła z akwarium węża
I tak się stało wszystko skończone
Wąż połknął męża a później żonę.

Śmiać się

Nie wolno płakać trzeba się śmiać
Bądź więc odważny przestań się bać
Wesołość miłość i śmiech na miarę
A przysłowie głosi stare
Śmiech to zdrowie płacz to kara
I odwrotnie inna miara

Śmiechu płaczu ściana czasu
I zawczasu się nie przejmuj
Dodawaj a nie odejmuj.

Nie płacz śmiej się i do przodu
Chociaż czasem braknie wzwodu
Chociaż serce głośno wali
Chociaż nie jesteś na fali
Może młotkiem walniesz w palec
Kiedy cię przejedzie walec
Płonie twoja wiejska strzecha
Skarbem śmiechu jest pociecha.

Płaczesz czasem ze wzruszenia
Może cię rzuciła Genia
Nagle trzepnął w deski dziadek
Koń cię kopnął dzisiaj w zadek.

Nie martw się bo płacz to boli
Gdy kochanka cię omami
I gdy wszystko się pochrzaniło
Czasem wszystko jest do bani.

Nie becz nigdy na pogrzebie
Ciesz się że nie wzięli ciebie
Że cię pastor nie skropił wodą
Że masz żonę piękną młodą.

Za płacz nikt ci kasy nie da
I humoru nie poprawi
Płacz ci może wnętrze strawić
Przez to możesz się udławić.

I udusić mimochodem

Kiedy lecisz samolotem
Czy opalasz się na słońcu
Pijesz wino pluskasz w wannie
Staraj śmiać się i nie płakać
Tak jak kura musi gdakać
I jak koń co musi rżeć
Śmiech pomaga musisz chcieć.

Tylko owca głupia beczy
Jak ją baran szturcha w plecy
Szanuj zdrowie stary mruku
Zawsze śmiej się do rozpuku
I wesoło spędzaj chwile
Nigdy nie zostaniesz w tyle.

Dzień lenistwa

Jak to się stało z jakiej przyczyny
Doba posiada minuty godziny
Kot w duże buty bywa obuty
Ukradł gramofon pogubił nuty.

Mówiąc nawiasem co robić z czasem
Może pracować usiąść pod lasem
Chorować płakać tańczyć czy wyć
Chcesz się dowiedzieć bo musisz być.

Czasu jest mało zarazem wiele
Pracujesz co dzień nawet w niedzielę
A żeby przeżyć tak musi być
Bóg dał ci życie tak trzeba żyć.

Gdy tak ogólnie biorąc to wszystko
Ważne jest w życiu także lenistwo

Mamy lenistwo czasy spokojne
Nikt nie chce walczyć i gdzieś ma wojnę.

Po co ma walczyć tak bez przyczyny
Dźwigać granaty czy karabiny
Lepiej poleżeć w ogrodzie w cieniu
Ręką podrapać po przyrodzeniu.

Będzie szczęśliwszy z sumieniem czystym
Nie będzie walczył z duchem nieczystym
Lepiej umrzeć w dobrej wierze
Niż mieć diabła za kołnierzem.

Złodziej leniwy to kradnie wolno
A więc i szybciej trafi za kratki
A zbój co wolno kogoś morduję
To sam leniwie też wącha kwiatki.

Kierowca zanim też się połapał
Jechał leniwie i gumę złapał
Że był leniwy nie zmienił koła
Szedł na piechotę umarł pierdoła.

Jest pierwszego maja to święto pracy
Słuchajcie tego moi rodacy
To się da zrobić teraz pomyślta
Pierwszy dzień w roku z racji lenistwa.

Zyta

Raz mnie chciała uwieść Zyta
Zaciągnęła mnie do żyta
Chciała się ze mną zabawić
Wykorzystać i zostawić.

Mówię Zycie to i tamto
Po co mam to po co nam to
Takie rzeczy robić w życie
Prawdę mówię nie wierzycie.

Proszę Zyta o mój Boże
Pognieciemy święte zboże
Gospodarze nas przydupią
I oberwiemy będzie nam głupio
Bóg nas za to później skarze
Już nie mówiąc o kosiarze.

Zyta rzekła wiem co robię
Dogodzę tobie i sobie
I wrzuciła mnie w gęste żyto
Tak że uderzyłem pytą.

Pewno bym i cnotę stracił
A nawet życiem przypłacił
Czasem i złe się przydarzy
Pan Bóg zesłał dwóch kosiarzy.

Mieli takie ostre kosy
Zycie aż stanęły włosy
Znowu mnie za pasek chwyta
Wyciągnęła szybko z żyta.

Dzięki Zyta za ratunek
Życie za jakiś stosunek
Żegnaj Zyta ja cię lubię
Ale oddam się po ślubie.

Zycie wcale nie przeszkadza

Zaniosła mnie do ołtarza
Ślub się odbył dziś wieczorem
Wszystko fajnie pod humorem.

I odbyło się to panie
Nie w życie a na dywanie
Zrozumiała moja Zyta
Już nigdy nie wrzuci mnie do żyta.

Serce

Trudno czasem zebrać myśli
Chciałbyś lecz trudno jest wyjaśnić
Można różne mieć układy
Żyć bez serca nie da rady.

Serce organ podstawowy
Bardzo ważny obok głowy
W twoim sercu mieszka dusza
Głowę do myślenia zmusza.

Serce zawsze wstaje z tobą
Jest motorem i ozdobą
Katolik czy innowierca
Nie może istnieć bez serca.

Ile wiosen tyle majów
Jest serc tak wiele rodzajów
Serca dobre urodziwe
Harde twarde spójne chciwe
Serca pilne dziwne mylne
Przepadziwe i beztroskie
Wszystkie jednakowo boskie.

Stanisław Pysek Prusiński

Ile kwiatów jest na łące
Wzniosłe serca w górę pnące
Ogromne nieznane gorące
Jak strumyki wodę rwące.

Od początków świata zarania
Serce to obiekt pożądania
Zdobywał serce i król dostojny
O serca toczyły się wojny.

Szanuj swoje serce pani
Bo bez serca ani ani
Serce darzy cię miłością
Więc odpowiedz z wzajemnością.

Serce siła serce humor
W twoim sercu krew przepływa
Sprawa nadzwyczajna prosta
Zarazem niezwykła boska.

Nie niszcz serca przez niedbałość
Trenuj wolę wytrzymałość
Zrozum sprawy samo sedno
Bo serduszko masz tylko jedno.

Żebyś żył potrzebna karma
Współpraca ma być ofiarna
Na serce nie możesz się gniewać
I tak po prostu olewać.

Serce nigdy się nie skarży
I nie boli samo w sobie
Gdy zaniedbasz swoje serce
Wtedy umrzesz i po tobie.

Serce to jest twój przyjaciel
Więc go szanuj i tul mocno
Gdy połączysz z innym sercem
Wtedy wnuczki ci urosną.

Nie mocz serca w alkoholu
Gdy przedobrzysz z alkoholem
Złamiesz swoją silną wolę
Nie dość że się mocno strudzisz
To się możesz nie obudzić.

Zamiast tego serce stanie
Jest odpowiedź i pytanie
Dzięki moje drogie serce
Kwiaty składam ci w podzięce
Bij więc we mnie długie lata
Prawdę mówi dobry tata.

Dziwny baton

To jest prawda proszę państwa
Piszę o tym na tej stronie
Jestem trochę wystraszony
Ale to co się zdarzyło
To z przyczyny mojej żony.

Właśnie dzisiaj przy sobocie
Po całotygodniowej robocie
Moja żona rozogniona
Nie wiem skąd przyniosła
Teraz w opakowaniu batona
I w doniosłym rzecz tonie
Stasiu trzepniem po batonie.

To rozpusta mówię żono
Jeść batony przy sobocie
Zostawimy na niedzielę
Ale ona nie odpuszcza
Zjemy dziś i po kłopocie.

Zrobiłem tylko dwa gryzy
Zrobiłem się jakiś dyzy
Coś się stało nie wiedziałem
I się w górę poderwałem.

Boże Święty coś się stało
Aż mi mowę odebrało
Drzwi otwarły się z łoskotem
Na powietrze mnie wywiało.

Jestem teraz lekkim płatkiem
Widzę z góry naszą chatkę
Driver Corollę i Tacomę
Fruwam wysoko nad domem.

Zrobiłem się dziwnie mały
Daję znaki i sygnały
Co tu robić jak tu ściemnić
Ja chcę z powrotem na ziemię.

Widzę lasek i pagórki
Lecz zapomniałem komórki
Chmurka obok i dym gęsty
Jak wezwać straż czy emergency.

Z góry Tereska taka malutka
Jakbym widział krasnoludka

Dlaczegoś Teresko mała
Stasieńka w tę dal wysłała.

Wiem że to nie była ona
To pewnie sprawka batona
To jest sprawa niebanalna
Znaczy czysto kryminalna.

Myślę że mam szansę jeszcze
Może spadnę razem z deszczem
Liczę na to że będzie burza
Zaczęło się nawet zachmurzać
Zacząłem się i trochę wkurzać.

Nie to naprawdę nie sen
Latam w górze cały dzień
Bez obiadu i kolacji
Daleko do ubikacji.

Jak w powietrzu zrobić kupę
Wszyscy będą widzieć d...
Dobrze że lubiłem ptaki
Więc przyleciał do mnie taki
Przedstawił się   jestem orzeł
Obiecał że mi pomoże.

Właśnie wracał z cepeenu
    Znam cię Staś nie ma problemu
    Siadaj na mnie mocno się trzymaj
    Zza skrzydeł się nie wychylaj.

Nie minęło trzy minuty
Siadł koło naszej chałupy
A Tereska już czekała

Tak mnie mocno pocałowała
Orzełkowi w podzięce uściskała pazurki
I odleciał ptaszek w chmurki.

Była tak uszczęśliwiona
Znowu dała mi batona
Baton teraz to był normalny
A nie jakiś kryminalny.

Przypadek misia

Mały misio spod Sokółki
Uśmiechał się do jaskółki
Z zazdrością patrzył jak ptaszyna
W powietrzu harce wycina.

Pomyślał pokręcę się w kółko
Zamienię słóweczko z jaskółką
Tak mu futerko obrzydło
Przydało by się choć jedno skrzydło
A gdy się wzbiję w powietrze
Poprawię swój byt na lepsze.

Źle stało się prysły marzenia
Ze względu na prawo ciążenia
I płacze w ramionach mamy
Oglądając obolałe wybrzuszki
Nerwowo zerkając na muszki
I tu się prawda odsłania
Bo misie nie lubią fruwania.

Pocałunek

Pocałuj mnie co ci zależy

Bierz przykład z dzisiejszej młodzieży
Bo całus to prawda tak stara
Nie spotka cię za to kara.

Nie całuj mnie po kryjomu
Oficjalnie nie tak nachalnie
Tak zwyczajnie bez przymusu
Z gustem na podwyższonym obcasie
Na skwerku ulicy czy w lesie
Całus może ci przynieść szczęście
Cmokaj mnie częściej i gęściej.

Uczucia nie hamuj kontrolą
Czy jesteś młody czy stary
Nie za karę a na miarę
Tylko nie całuj w poście i przy zapalonej świecy
Bo miłość wtedy odleci
I nie ma się z czego śmiać
Gdy chcesz się całować daj znać.

Co zrobić ?

Co zrobić żeby nie przestać marzyć
Jak nie bać się tego co się może zdarzyć
By nie zawrócić z krętej drogi
By nie przestać płakać czy też może śmiać
Co będzie jutro się bać.

Błękitna codzienność wstające poranki
Jak falbanki firanki
Zasłaniające to co ukrywane przed światem
Zimą jesienią czy latem.

Jak śnieżnobiałe włosy na matczynej głowie

Głos z dali ci więcej dopowie
Jej smutne duże oczy spracowane ręce
Dopowiedz więcej.

Fantazja i życie i wiara
Nagroda zwyczajność i kara
Splatają się w jedną symfonię
I nikt tego z żywych nie pojmie.

Uszanuje to zwyczajne marzenia
Istotę naszego istnienia
Przywołuje też miłe wspomnienia
Bo naszym partnerem jest życie
Przeżyjecie uwierzycie.

Cóż począć?

Cóż może począć biedak
Gdy go dopadnie niedola
Być może choroba go zmoże
Któż mu wtedy pomoże?

Wokoło w ofisach grubasy
Na tłustych karkach ordery
Od wewnątrz rozsadza ich pycha
Toczy się taki że ledwie oddycha.

Codziennie nowe reformy
I dziwne głupie pomysły
To jakbyś chciał przelać Bałtyk
Do polskiej warszawskiej Wisły.

Tak się polityk opluje
Że jak popuści nie czuje

Rozdaje przepuszcza kasę
Gdzieś w rezydencji pod lasem.

Nie powiem że to tak ładnie
Co świni z ryja odpadnie
Bo to jest prawda taka
To resztki są dla biedaka.

Więc instytucje nadęte
Nietykalne krowy święte
Jeżdżą na czterech promilach
W wolnych od obrad chwilach
Rośnie bezprawie i pycha
A robol niecnota niech zdycha.

Musimy więc temu zaradzić
Nie trzeba się kłócić i wadzić
Wspólnymi siłami to z czasem
Wygramy walkę z grubasem.

Głoście prawdę i otwórzcie serduszka
Nie chowajcie głowy pod łóżka
I wdychajcie świeże powietrze
Czas zmienić czasy na lepsze.

Stasio wojownik

Cóż miał począć zmartwiony wielce
Stasio kiedy zamierało w nim serce
Biegać krzyczeć lamentować
Wzywać pomocy o drugiej w nocy?

Nie chciał go Pan Bóg do nieba
Bo akurat tam rencisty nie trzeba

Stanisław Pysek Prusiński

Ktoś musi pisać nowe wiersze
To po pierwsze.

Teraz tak to się dzieje
Gdy wstanie rano się chwieje
Lecz jednak ma zawsze nadzieje
Gdy ciśnienie rośnie i zgaga
Nie skarży się gdy niedomaga.

Poważne miał sytuacje
I stenty i trzy operacje
Wytrzymał to wszystko uparty
Obrócił problemy na żarty.

Trwa walka o zdrowie czas leci
Podporą dla niego są dzieci
Asia Tomaszek Daruś i wnuczki
Tereska i serce jej duże
Jest jego aniołem stróżem
I Zofia starsza mu siostra
Jest taka wspaniała i bardzo pomocna.

Bo Stasio nie skrzywdziłby muchy
To George mu dodaje otuchy
Wysoki uprzejmy brodaty
Też go podwozi do chaty.

Więc Stasio dziękuje za wsparcie
Z chorobą walczy zażarcie
Na ile siły mu staje
To Bóg mu siły dodaje.

Dla Roberta i Agaty

Młody przyjacielu Robercie i Agato
                      Co wy na to?
Na wielkim weselnym koncercie stoisz
Przed życiem nowym bardziej kolorowym
Dźwiękiem gitarowo akordeonowym
                      Z piękną żoną Agatą.

Gdy już po weselu zamieszkacie we wspólnym domu
Musisz spuścić trochę z tonu
Pamiętajcie jak listki fruwające na warszawskim wietrze
Rozpościera się przed wami życie nowe
                      Weselsze i lepsze.

Nowe życie w małżeństwie
Jego pierwsze kroki
To jak nowe widoki
Przeplatane marzeniami
Niech zawsze będą z wami.

Wyzwania przed wami wielkie
A ty przyciśnięty będziesz
Delikatnym pantofelkiem Agaty
Nie bój się ucisku to dla zysku.

Pantofelek żony wykonany ze szczerego złota
To taka misterna robota
To uścisk twojej kochanej żony
Więc na pewno jesteś zachwycony
I zaszczycony muzycznie usposobiony
Miło uśmiechaj się do nowo poślubionej żony.

Chociaż czasem talerze umyć ci każe

Stanisław Pysek Prusiński

Zagraj jej serenadę na gitarze.

To właśnie od teraz Agata
Jest twoją panią i królową
Co ci rozkaże wykonuj sprawnie
Chociaż może z bólem
Pamiętaj o tym zawsze
Teraz jesteś całkowicie poddany
Kiedyś może byłeś królem.

Nie buntuj się
Grzecznie spożywaj obiad
Chociaż w zupie może za dużo soli
Wymagaj od siebie więcej kontroli
A gdy ci czasem przyfasoli łyżką
Przetrzymaj bóle i ukłoń nisko.

Nigdy nie wracaj Robercie
Po północy do domu na kacu
Proszę cię za długo nie pracuj
I nie przesiaduj długo w barowym sklepie
To będzie dla ciebie korzystniej i lepiej.

Nawet jeżeli zapomnisz kupić mleko
Chociaż opieprz zbierzesz
Burzę przeczekaj
Nie dyskutuj i się nie wściekaj.

Wpatruj się w mądre oczy Agaty
Spotkałeś anioła stróża
Życie przed wami otworem stoi
To dla was obojga jest szansa duża.

Życie jest wspaniałym teatrem

Dni przemijają razem z wiatrem
I przeplatane miłością słońcem
Zawsze początkiem a nigdy końcem.

Sam w pociągu

Świst gwizd i łoskot
To potwór żelazny pędzi
Przestrzeń przecina wielka maszyna
To co pociągiem się teraz nazywa
Raźno od linii szynnych odrywa
Czasami i głośnym gwizdem ostrzega
I tak wygląda jak UFO z nieba.

To polski pociąg jakby bajeczny
On jest prawdziwy a więc bezpieczny
Pędzi tak z Łodzi aż do Warszawy
A kto jest w środku jesteś ciekawy?

Pan maszynista z ogromnym wąsem
Wpatruje się w przestrzeń i jest tu szefem
I bez pośpiechu wciska przyciski
Zawsze pogodny z miłym uśmiechem.

Za maszynownię wagonik Warsu
Są stoły długie poszycia lśniące
Tu się szykuje dania gorące
Smaczne obiady miła obsługa
Poprosisz wodę czy zimne piwo
Podano pięknie ochoczo żywo.

Wszystko załatwisz o każdym czasie
Czy jesteś w drugiej czy biznes klasie
Leżysz wygodnie i choć masz kaca

Obsługa biega bo to ich praca.

Konduktor sprawdzał właśnie bilety
I powstał mały problem niestety
Sprawa niewielka numer bezpański
W przedziale drzemie gościu amerykański
Właśnie Sir Tomasz wracał z rozrywki
To rąbnął z Pawłem cztery podpiwki
A później Pan Tomasz w pociągu usnął
I ktoś mu wtedy portfelik buchnął.

Mr. Tomasz zbudził się i przetarł oczy
I zorientował się w całej sprawie
Bo to nie byle jaki jest gościu
Jeden telefon i już po sprawie.

Jeden numerek i zadziałało
Nagle w pociągu aż zahuczało
Przybiegł kierownik kap i detektyw
Ktoś z ambasady amerykańskiej
Bo tu jest problem ogromnie ważny
Bo zakłócony był spokój pański.

Mister Tomaszu panie Konsulu
My przepraszamy za brzydkie zajście
Zaraz się złodziej zjawi z portfelem
Przyniesie ticket i te papiery
Nic się nie stało nie ma afery.

Tomasz wkurzony wszyscy na ziemię
Po dziesięć pompek i róbcie swoje
I żeby więcej to się nie powtórzyło
To mi kojarzy się z paranoją
I nie wygląda na sprawę ładną

To bardzo brzydko w tym waszym kraju
Bo w Ameryce to w dzień nie kradną.

Migiem się znalazł portfel i ticket
Pani przyniosła pięknych róż bukiet
A do zabawy dwa koty bure
I hamburgerów na tacy furę.

Pan Konsul Tomasz się udobruchał
Przez całą drogę muzyki słuchał
Zrobił się miły i wniebowzięty
I z przyjemnością zbierał prezenty.

A tego Tomasz się nie spodziewał
Wszystko zapomniał i przestał się gniewać
Gdy do Warszawy właśnie zawitał
Sam Pan Prezydent jego przywitał.

Ogromne brawa i piękne kwiaty
Salut armatni liczne wiwaty
Premier uśmiecha się przyjacielsko
Tomasz powitał wszystkich ze wdziękiem
I oparł rękę na polskim drzewie
I udobruchał się po wielkim gniewie.

I podjechała pod pana fura
Jednak w Warszawie działa kultura
Może i niezłe mają wyniki
Bo to sojusznik jest Ameryki.

Zaczarowane drzewo

Moje drzewo nie jest wymyślone
Jest żywe i prawdziwe

Ma rdzeń przezroczysty i pień czysty
Gałęzie wiją się jak jedwabne wstęgi
Sięgające do nieba jak płomienie świetlane
Ono jest zwyczajne ale zaczarowane.

To drzewo posiada wspaniałe kolorowe liście
Mieniące się świetliście we wschodzącym słońcu
I obłokach skąpanych w podskokach
Na błękicie niebieskiego nieba
                    Cóż więcej potrzeba?

Drzewo urosło duże ku chmurze
A było kiedyś małą sierotą rośliną
Skropioną porannym deszczem
I krzyczało głośno ja jestem
                    Chcę żyć i być.

Nie cofaj się

Nie cofaj się do tyłu
                Do przodu idź
Nie zginaj nie przeginaj
Nie składaj że winien jest los.

Nie próbuj za wysoko się wspiąć
Bo nie będzie cię komu stamtąd zdjąć
                    Nie polecam za wysoko
Możesz rozlać mleko życiodajne
Spadniesz i nie będzie fajnie.

Sucha gałąź się złamie
Zła pokusa może ci zaszkodzić
I znowu zaczynać stąpać i uczyć chodzić
Próbując się odradzać

Nie na wszystko się zgadzać.

Nie działaj głupio
Nie wszyscy to kupią i pod przymusem
Przy stole nakrytym białym obrusem
I tym na co cię stać rządź
                        Po prostu bądź.

On jeden na wyspie

Sam jeden na bezludnej wyspie żywy
Bez problemów nie szuka nikogo
Kto by mógł przeszkodzić w rozmowie
Ze samym sobą.

Nie martwi się żeby przypadkiem
Na plaży nie zasnął
Że się spóźni do pracy
Że ktoś mu z konta forsę zgarnął.

Że komornik zajmie mu niespłaconą furę
Że córka oblała maturę
Że dostanie od szefa w pracy burę
Tymczasem nie wysila się i nie chowa
Przed siarczystym deszczem
                    On i ja jestem.

Granice

Miej granice i nie czuj się Bogiem
Coś musi być twoim progiem
Ty otoczony złem i dobrem
W tobie i obok ciebie
Mów za siebie.

Tak się stało że sprzedałeś
Coś ważnego co się nazywa dobrem
Zmieniłeś się w kobrę ściemniasz horyzonty
Zwyczajnym jesteś pająkiem.

Zyskałeś łąką bezbarwną
Bez zieleni i kwiatów
Pasiesz się swoją pychą
Beznadziejną lichą
Zacofaną i z końcem
Zabranym słońcem
Z szarością dnia codziennego
Czy aby wystarczy ci tego?

Czas się zatrzymał

Co zrobić żeby czas się poruszył
Bo nieprawdą jest że on płynie
On jest stały krótki i mały
Jak dzień jest tylko jeden
A w kalendarzu napisane siedem.

Godzina podobna jedna do drugiej
I minuty bez wymiaru
Wskazówka mierzy w prawą stronę
Czas cofnąć się nie może.

Ziemia jest stałą bryłą
Gdyby inaczej było
Czy to by coś zmieniło?
I w kosmosie się porusza
Nie stoi w miejscu
A kosmos jest tylko jeden

I ma planet siedem.

Mogę wyjść z siebie

To nieprawda że jestem jeden
Bo tak naprawdę jest nas dwóch
Moje ciało to jeden
Jedna dusza to co jest moje
To razem czyni dwoje.

I nic mnie nie obchodzi
Że ktoś mieć nie musi
Że może ktoś ma wiele
Że wodą się mąki nie miele.

Że ode mnie są młodsi i starsi
Że ktoś nie może na mnie patrzeć
To mi wystarczy na dziś
O jutro się nie martwię
Chociaż ciekawość mną szarpie
Jestem na mapie tylko czasowo
Widzę szaro i kolorowo.

I czasami coś spieprzę
Za darmo wącham powietrze
I żyję tak z dnia na dzień
Posiadam swój własny cień
Cieszę się z tego ba
Bo ja to jestem ja.

Aniołek

Święta za pasem za oknem śnieg
Tatuś choinkę przyniósł do chaty

Stanisław Pysek Prusiński

Mama się krząta robi porządki
Asia układa w szafeczce książki.

Nagle rozbłysnął dziwny ogieniek
Aż pod choinką zatrząsnął się pieniek
Asi cukierek wyleciał z buzi
Stanął przed dzieckiem aniołek duży.

Taki samiutki jak ten w książeczce
Skrzydełka złote szarfa owiła
Asia z wrażenia zaniemówiła
Cała jej buzia się zaróżowiła.

Pierwszy odezwał się aniołeczek
Tuż przy choince siadł na stołeczek
    Nie bój się Asiu nic ci nie zrobię
    Trochę odpocznę i pójdę sobie
    Tak się do nieba bardzo spieszyłem
    I przypadkowo tu zabłądziłem.

    Cieszę się bardzo że tak się stało
    Mogę zobaczyć Asieńkę małą
    Wkrótce zawita Mikołaj Święty
    I pod choinką znajdziesz prezenty
    Ujrzysz mnie również i w tę niedzielę
    Tam przy choince w naszym kościele.

    Do zobaczenia ty mój aniołku
Asia mu rączką macha na stołku
Taka radosna biegnie do mamy
    Mamuś kochana aniołka mamy.

Bądź ze mną

Bądź zawsze ze mną
Kochana zostań przy mnie
W lato o słocie w zimie
Przy nagrzanym piecu
Nawet gdy mnie zęby bolą
Obejmij mnie swoją kontrolą.

Myślę o tobie i w dzień i w nocy
Gdy śnię grubo po północy
Na targu w mieście w areszcie
Powiem ci coś jeszcze.

Skąd się wzięła ta niezłomna wiara w ciebie
Byłaś narzeczoną a teraz kochaną żoną
Spadłaś mi w darze z nieba
Takiego anioła było mi potrzeba.

Myślę o tobie i nic tego nie zagrzebie
Nic nie przyćmi mi uczucia
Gdy śpisz ja patrząc na twoje różowe usteczka
To jak podniebna rozwiana chusteczka jedwabna
Teresko kochana Ty taka jesteś ładna.

Twój uśmiech troskliwy miły
Jak powiew wiatru świeży
Moja różyczko wzniosła
Tak mi na tobie zależy.

Nic nie zatrze minionych chwili zdarzeń
Naszych wspólnych oczekiwań i marzeń
Zostaliśmy na jednym garnuszku
Pełnym gorącego mleka w puszku.

Zgroza

To nie przypadek to katastrofa
Świat zamiast postępu do tyłu się cofa
Człowiek głupieje a złe się śmieje
Tak to w ówczesnym świecie się dzieje.

Pastor prawdę bożą za kasę głosi
Matka urodzi dziecko wynosi
Czyniąc okrutne tu bezeceństwo
Ciska z rozmachem drobne maleństwo
Gdzieś do śmietnika to już przekleństwo.

I to jest prawda to widowisko
Psisko podchodzi na to śmietnisko
I w paszczy niesie do dobrych ludzi
Ratując życie nie uwierzycie
Czy to zdarzenie grozy nie budzi.

Człowiek zatraca swoje uczucie
Gorszy czasami nawet od świni
Czy to na takich już kary nie ma
Co na to Pan Bóg i święta ziemia.

Wojny na świecie krew płynie strugą
Koniec nastąpi może niedługo
Może w południe w nocy nad ranem
Ty nie zostaniesz ja nie zostanę
Wszyscy wpadniemy do czarnej dziury
Daleko w chmury.

Zegar nasz

Mierzyłem czas lat czterdzieści i cztery
Doznałem wielkiej afery
Wyrzucony na ulicę nad rankiem
Trzymając w dłoniach firankę
To okrutne co zrobiono ze świtem
Ze starym zegarem emerytem.

Płaczę i szlocham cienko
Stłuczone mam lewe i prawe okienko
Jak doszło do tego nie rozumiem
I wytłumaczyć nie umiem.

Czuję się samotnie z pękniętą sprężyną
Już mi godziny nie płyną
Nikt na mnie nawet nie patrzy
Czas mój się zatrzymał o godzinie czwartej
Byłem taki punktualny i zawsze uparty.

Tak wyrzucony z hukiem na głowę
Pękniętą mam obudowę
Na plecach przy ulicy leżę
Ze wstydu i czasu nie mierzę.

I nagle dostaje olśnienia
To cały wydarzeń czas zmienia
Ja zegar zdemolowany
Zostałem adoptowany.

Pan nowy wymienił mi serce
I za to to wdzięczny jestem mu wielce
Dał nowe części i sprężyny
Od nowa wymierzam godziny.

Ja jestem teraz jak nowy
Wspaniały wyniosły brązowy
I dumnie odliczam godziny
Dla nowej polskiej rodziny.

Tak dobrze mi jest w miłej rodzinie
Mam miejsce przy pięknym pianinie
I czuję się bardzo potrzebny
A dźwięk mam wyniosły podniebny.

Poprawiony dziadek

Znudził się babci dziadek
Niezwykły to przypadek
Zrobił się niepokorny
Niegrzeczny dziwaczny niesforny.

Dlatego podpadł babci
Bo nie chciał zakładać kapci
A kiedy dawał gęby
Wylatywały mu zęby.

Babcia za dziadkiem lata
Ma sto i cztery lata
A dziadek to olewa
I jeszcze się spodziewa.

      Chodź babcia rzecze dziadek
      Zrobimy coś w przypadku
A ona odpowiada
      Chyba się wściekłeś dziadku.

      Umyj więc sobie pupę

Ugotowałam zupę
I nie obgryzaj kości
Będziemy mieli gości
Zapomnij o miłości.

Serce masz schorowane
Umierałeś nad ranem
Rozumiesz co to troska
Śniła mi się Matka Boska
Nie w głowie mi amory
Dlatego żeś jest chory.

Pomyślał zatem dziadek
Jak zdobyć babci względy
A może go przygarnie
Więc kupił jej kwiaciarnię
I na nic sentymenty
Kwiaciarnię spłaca z renty.

I trafił w samo sedno
Więc babci wszystko jedno
I koniec całej gradki
Podlewa swoje kwiatki.

Wzięła więc dziadka pod lupę
To on gotuje zupę
I zajął się robotą
Nie goni za głupotą.

Całuje babcię w rękę
Śpiewa jej piosenkę
I stać go na amory
Mimo że bardzo jest chory.

Liść na wietrze

Jestem listkiem zwykłym
Gdzieś tam wysoko płynę na wietrze
Wdycham powietrze i szeleszczę
Ze wschodem słońca może bez końca
Bujam się wznoszę o więcej proszę.

Niezauważony fruwam
Nad błękitną wodą w toni lustrzanej
Z odbiciem małości srebrnego listka
Taki zielony soczysty młody i modny.

Koniec zawodny listeczku młody
Robisz się mokry smutny zwiotczały
Wciąga cię otchłań czarna i groźna
Zazdrosna o coś co w górze błyska
Warkoczem krętym blask ci nadawa
Z dumą siną oczy napawa.

Miliony istnień ich dziwne losy
Piętno się w kręgi zorzy polarnej
W swojej boskości wciąż niespełnionej
Słonecznym blaskiem dziwnym przeżyciem
To co przychodzi staje przemija
Zwyczajnym prostym listkowym życiem.

Coś o gumie

Każdy stara się jak umie
Może powiem coś o gumie
Znam jej wady i zalety
Przekonałem się niestety.

Z gumą owszem jest wygodnie
Podtrzymuje twoje spodnie
Oczywiście biustonosze
Wiwat guma brawo proszę.

Guma miewa dobre smaki
Cytrynowy brzoskwiniowy
Gdy za wiele jej przeżujesz
Może uderzyć do głowy.

Nieraz guma się rozciąga
Ziewa i pod nosem mruczy
Raz wybrzusza się i kurczy
Coś jej skwierczy w brzuchu burczy.

Trzeba również gumę chwalić
Wrzucić do ognia podpalić
Tylko trzaski będzie słychać
Ale proszę jej nie wdychać.

Buty z gumy kalesony
Cały świat dziś zagumiony
Zapach gumny gwóźdź do trumny,
Pojmiesz wszystko gdyś rozumny.

Czapkę z gumy masz na głowie
I gumowe pogotowie
Guma chroni żonę męża
Jest przydatna dla oręża.

Z gumy koło w radiowozie
Nie zmarzniesz więc na mrozie
Jesteś ciepły od połowy
Kiedy rozum masz gumowy.

Praca w gumie duży smród
Uszkodziłaś własny płód
Nerki płuca i podroby
Możesz nabyć się choroby.

Stało się i bieda taka
Musisz szybko spławić raka
Gdy do nieba niedaleko
Szybko przejdź na kozie mleko.

Kto wykładu nie zrozumie
To przekona się na gumie
Na przykładzie panny Kajtki
Guma pęknie spadną majtki
To korzyści nie przyniesie
Interesu nie podniesie.

Szanuj zdrowie żyj pobożnie
Z gumą obchodź się ostrożnie
Nie usłuchasz będziesz chory
Wydasz kasę na doktory.

Postulaty rolnika

Co boli chłopa na roli
To pytanie dręczy wielu
Dziennikarzy polityków
Tych z urzędu z tego względu.

Posłuchajmy dla przykładu Zygmunta
Ze wsi Zawady uczącego wykładu.

Mówi Zygmunt   moja Wanda

Rolnik prosty pochylony
   Sprząta pierze pasie gęsi
   Czyści moje kalesony
   Pieści dzieci poklnie czasem
   I doi krowy pod lasem.

Jestem rolnik w średnim wieku
Orzę pole i zasiewam
Produkuje więc i basta
Żarcie dla wsi i dla miasta.

Rolnik jestem więc wydajny
Mam ciągniki i kombajny
Krów czterdzieści i dojarkę
I do spirytusu miarkę
Psa i kota i malucha
Kto ciekawy niech posłucha.

Właśnie dzisiaj wpadłem w nerwy
I objąłem się za głowę
Ogłosiłem w gospodarstwie
Pogotowie strajkowe ludowe.

Dość już tego dość wyzysku
Dosyć już prania mnie po pysku
I obrazy mej polskości
Dość dzienników wiadomości.

Bo do żarcia to was wielu
Siedzicie w moim portfelu
Okradacie mnie i żonę
Wy dranie gnoje skończone.

Wychodzicie na ambonę

Stanisław Pysek Prusiński

Za pieniądze są odpusty
A skarb państwa ciągle pusty
Nie straszny mi terrorysta
To wasza robota nieczysta.

Przyjdzie gościu zarwie w machę
Potem trzepniem we dwóch flachę
A rankiem na kacu na żywo
Trzepnie z Zygą gościu piwo.

Bo u mnie to trzeba pracować
Nie będzie już więcej nocować
Tylko z kanapką kochany
Przekroczy granicę normami
Bo tam rozdają kasę
Normalnie w obozie pod lasem.

A po liście tak się stało.

Rankiem przybiegł sierżant z pałą
Franek trzasnął władzę w oko
Sierżant uniósł się wysoko
Padł biedaczek na obornik
A w południe już komornik
Krowy i owce chciał zająć.

Komornik zaliczył sandały
Śpi w szpitalu obolały
Trochę go szamocze febra
Połamane wszystkie żebra
Sołtys jak karetkę wzywał
Zapomniał jak się nazywał.

Chłopy w gniewie klepią kosy

Wójt spogląda na niebiosy
A urzędnicza hałastra
Udała się po pomoc do miasta.

Wszystkie chłopy na okopy
Baby już szykują mopy
Nie odpuścimy w mordę mać
Przyjadą to będziemy prać.

Gdy przybędą terroryści
To bebechy się im wyczyści
Chłop jest silny choć jest chamem
To rozprawi się z baranem.

Mamy młoty sierpy bicze
I proce przeciwlotnicze
Kałaszniki i armatę
Obronimy polską chatę
Wygonimy każdą szmatę.

Nie opłaci się umierać
Wieś się nie da sponiewierać
Gdy zabraknie w mieście żarcia
Odstąpicie od natarcia.

Dość rozboju chamstwa brudu
Wszelka władza w ręce ludu
Minęły czasy kowboi
To powiedział Zygmunt
Co się nigdy i nikogo nie boi.

Kolorowe myśli

Każde myślenie związane z głową

Usta porusza do śmiechu zmusza
Wytwarza smutek czy radość nową
Więc staraj myśleć na kolorowo.

Kolor czerwony wyraźny krwisty
Jest pospolity i oczywisty
Kojarzy z życiem serca odbiciem
Nigdy nie może zatracić barwy.

A kolor szary czarny odwrotnie
Wyraża smutek i przemijanie
To jak okrutne zawrotne rzadkie
Zwykłej odmiany prostym przypadkiem.

Splećmy kolory w nasze istnienie
Nie odrzucajmy co jest nam dane
Nasze marzenia życie codzienne
Tak bardzo zmienne niepowtarzalne
Są bardzo proste bardzo realne.

I w wyobraźni naszej kolory
A w dzień powszedni za dnia czy w nocy
Potrzeba przy tym naszej pomocy
I serdeczności nie przerywanej
Bo są wartością daną przez stwórcę
W każdej świetlistej żywej komórce.

Chcę do Afryki

Afryka jest taka dzika
To nie to co Ameryka
Tam w Afryce mnóstwo plaży
Można przy tym się usmażyć.

Co tam mieszkać gdzieś na prerii
I spoglądać na oślice
Zawsze pragnął mały Tomek
Na stałe pozostać w Afryce.

Na pustyni sucho czysto
Chłodu za dnia się nie czuje
      Zbuduję domek z piasku
      Bo to ponoć nie kosztuje.

    Może będę czarownikiem
    Będę walczyć z lwem czy bykiem
    I poślubię czarną żonę
    To już jest postanowione.

I spełniły się marzenia
Czas przepłynął wszystko zmienia
Tomek nie jest czarownikiem
I nie walczy z groźnym bykiem.

On po prostu jest doktorem
Leczy dzieci biedne głodne chore
Nie w bogatej Ameryce
Lecz we skwarnej tu Afryce
I na ile sił wystarczy
To z chorobą dzieci walczy.

Nie dorobił się fortuny
To co na dziś mu wystarczy
Wokół wszyscy go kochają
A wytrwałość podziwiają
Za dom mu szałas służy
Taki malutki skromniutki
Na wyciągnięcie ręki.

Ma zaparcie w tym co czyni
I marzenia się spełniły
Więc prosimy Panie Boże
Daj Tomkowi więcej siły.

Protest w zoo

Klimat się ociepla zmienia
Następują wydarzenia
Jak ulewne deszczu strugi
Kolejno jedno po drugim.

Błędy względy fantastyka
Kasa i żądza władzy
Kto bogaty to ten bryka
A niektórzy bosi nadzy.

W miejskim zoo wybuchł zamęt
Lwica wszczęła wielki lament
Mąż ją zdradził z wielkim smrodem
Uciekł z kozą samochodem.

Małpa zanim to rozgryzła
Na baranie się poślizgnęła
Jak runęła na padalca
To złamała nogę w palcach.

Padalcowa się wkurzyła
Tak ogonem zarzuciła
Zamiast w małpę to w stonogę
Która rąbła na podłogę.

Tygrys stary czynił czary

Wtem do jamy wlazł miś stary
Szukał miodu na kolację
Przymusowe chorobowe
Bo mu tygrys skręcił głowę.

Na żyrafę spadła szafa
Przestraszyła się żyrafa
Zagroziła antylopie
Że jej lampart tyłek skopie.

Zebrę w aż zatrzęsła febra
Struś ją puknął dziobem w żebra
Spuścił się na strusia orzeł
Na łopatki go rozłożył.

Na to chyża antylopa
Pochwyciła właśnie mopa
Wyskoczyła aż na skarpę
I trafiła w starą małpę.

Słoń miał trąbę w pogotowiu
I uderzył razy kilka
Ale bardzo się pomylił
Zamiast konia trafił w wilka.

Zamartwiały się i łabędzie
Olaboga co to będzie
Na rekina spadły głazy
Połamany cztery razy.

Owce beczą krowa kłamie
    Zejdź nam z drogi ośle chamie
    Nie dość że na środku stoi
    Jeszcze głupie miny stroi.

Żmija harce tak wywija
Przywaliła świni w ryja
A lisica aż się ślini
Jedzie już na dzikiej świni.

Lama drze się jestem sama
      Wczoraj zniknęła moja mama
Kangur tego nie pamięta
Dziś jest wtorek w zoo korek.

Hiena brykła na motorek
I wcisnęła gas do dechy
Tak walnęła mocno w mrówkę
Rozwaliła jej makówkę.

Co tu zdziałać jak zaradzić
Stan wojenny czas wprowadzić
Uskutecznić negocjację
Wstrzymać na zoo dotację.

Powiedziała premier sarna
Już od sadzy cała czarna
A prezydent co był kotem
Ułaskawił się za płotem.

Wypuszczono na zoo pszczoły
Jak ukąsi w tyłek goły
I w to małe przyrodzenie
To wnet powróci sumienie
To skutkuje od zarania
I odechce się strajkowania.

Osy pszczoły i szarańcza

Ruszyły raźno do tańca
Gryzły kłuły gdzie popadło
W chude pupy tłuste sadło
Uciszyły w zoo strajki
I to koniec pięknej bajki.

Rozwód Leona

Raz się zastanawiał Leon
Czy to on jest czy to nie on
Wreszcie znalazł ważny powód
Postanowił wziąć rozwód.

Do rozwodu trzeba powód
Skąd wziąć powód by wziąć rozwód
  To ja jestem a to Leon
  Jest różnica Leon nie on.

  Pokłóciłem się jak z żoną
  I miałem przeszłość szaloną
  Dość kłopotów i zachodu
  To jest powód do rozwodu.

Sędzia przyjrzał się tej sprawie
Nie wygląda to ciekawie
  Na co tobie rozwód Leon
  I pieniądze musisz płacić
  Tak ci jest źle mieszkać razem
  Jeszcze będziesz musiał stracić.

  Nie udzielę ci rozwodu!
Wrzasnął sędzia i dał chodu
  Leon zaś poprawił czapę
  I dalej żyje na kocią łapę.

Sprawa konia

Na zebraniu w gminnym kole
W małej wiosce dużej szkole
Jest coroczne posiedzenie
I ważne gminne zebranie
O tym i o owym panie.

Wójt wyciągnął ze starej szafy
Formalne te pisma nowe
I cenniki na podatki
Sprawozdania finansowe.

Sekretarz gryzie pieczątkę
Sołtys przyniósł bimbru piątkę
I zagrychy mięsa michę
I zebranie rozpoczęto.

A problem to nie byle jaki
Z tym się trzeba teraz zmierzyć
Obojętnie zimą latem
Nie wolno konia bić batem.

Wójt po drugim już kielichu rzecze
    Ty sołtysie siedź tu cichu
    Żeby gminy nie narażać
    To na konia trzeba zważać.

Z kąta wstała Jagna stara
I odrzekła taka wściekła
    Bijesz konia będzie kara
    A robi to tylko fujara.

Wójcie jak tak długo żyję
A mój stary już konia nie bije
Żyje ze mną i przyjemno
I nie będzie płacił kary
Bo mnie kocha wójcie stary
Tym z urzędu to odbiło.

Sołtys zabrał głos po wójcie
Wy rolnicy się nie bójcie
Orzcie swoje własne pole
A konia bijcie w stodole.

I odezwał się sekretarz
To jest potwarz i nie prawda
Tym uczonym coś odbiło
Konia trzeba mocno walić
I to ręką a całą siłą
Aż upadnie na kolana
Mówię prawdę bo ja konia
Biję co dzień i to z rana.

Teraz Magda się odzywa
Gospodyni mądra mściwa
Proszę chłopstwa to ci z miasta
Tak na chłopów się uwzięli
Każda polska mądra baba
Powiadają że nie słaba
Teraz konia się nie bije
Tylko trzyma go za szyję
My nie będziemy płacić kary
Wójcie stary.

Wój się wkurzył na komisję
I ogłosił swoją dymisję

Koni w gminie już ma nie być
A na świecie same szczyty
Za to dają na ciągniki
Stu procentowe kredyty.

Słoń i mrówki

Spacerował słoń po lesie
Wielkie drzewa kolce mszysko
A wiadomo słoń jest ciężki
To po drodze deptał wszystko.

Oburzają się zwierzęta
Emeryci i te młode
Skąd się wzięło to słonisko
Do wieczora zdepcze wszystko.

Wilk się wkurzył głośno wyje
Dziki wykręcają ryje
Hiena piszczy ze zdziwienia
Zając aż wykręcił szyję
Sarnie się do płaczu zbiera
A słoń trąbą się podpiera
Kroczy dumnie ciężko stęka.

Jak zatrzymać ciężką bestię
Dalej pójdzie zniszczy wszystko
To wygląda teraz właśnie
Gorzej niż pobojowisko.

Nagle słoniem coś wstrząsnęło
I zatrzęsło się w nim wszystko
Niefortunnie zmienił trasę
I wdepnął w potężne mrowisko.

A z mrówkami nie przelewki
Jak wyczuły zagrożenie
To ruszyły do ataku
Włażąc w uszy oczy trąbę
Słoń pomyślał że przypadkiem
Nadepnął pewnie na bombę.

Coś tu śmierdzi groźnie cuchnie
Trzeba zwiewać bo wybuchnie
Teraz nie jest mu wesoło
Macha trąbą głośno prycha
Choć nie widzi przeciwnika
A gryzienie nie ustaje
A swędzenie też nie znika.

Już nie może więcej zwlekać
Trzeba więc z lasu uciekać
Wybiegł z lasu buch do wody
Trąbą macha i pomstuje
Więc zanurzył się po szyję
Teraz to się lepiej czuje.

Długo biedak siedział w wodzie
Wyszedł o wieczornym chłodzie
Kiedy słońce zachodziło
Wyszedł z wody i otrząsnął
Obejrzał i głośno chrząknął.

Pogryziony z ranami na głowie
Udał się na pogotowie
To jest właśnie i nauczka
Że słoń wilk czy inne zwierzę
Żeby nie wpaść w kabałę

Za mrowisko się nie bierze.

A kiedy indyka zabraknie

A kiedy indyka zabraknie dla ciebie
Gdy zostały rozdane na bractwo
Nie martw się przeżyjesz bez niego
To nie jest tak aż wielkie bogactwo.

Bo indyk to sprawa honoru
Powinien ci zostać dany
Świąteczny związany z kulturą
Na Amerykę i stany.

Dlaczego to stało się właśnie
Jednego indyka zabrakło
Być może ktoś w nocy go zwędził
Gdy w nocy zagasło światło.

Nie pytam lidera czy bossa
Choć indyk należy się prawnie
Jak można o czymś takim zapomnieć
Czy aby wygląda to ładnie?

Ponieważ myślę zwyczajnie
I wiem że zrobiła to sitwa
Niech ten co wykonał ten szwindel
Indykiem kradzionym się wypcha.

Ten co na indyka pracował
I w walce idei się wstawił
To życzy temu co ukradł
Bo się kością udową zadławił.

Nie chodzi o mięso z indyka
Nie o fortunę talary
Lecz o zwykłą kulturę
I zwyczaj od laty tak stary.

Ten co indyka nie dostał
Nie płacze nie skamle przy słupie
Lecz rzecze temu co ukradł
Że ma go serdecznie w d...

Meta

Meta kojarzy się z końcem
I początkiem gdy już wystartowałeś
                         Nie dobiegłeś
Być może gdzieś w połowie się zatrzymałeś.

Nie możesz dalej biec
Musisz odpocząć nabrać siły
Dobiec czy z powrotem zawrócić
Wrócisz tą samą drogą którą już znasz
I co z tego masz?

Od połowy zaczynasz dalej
Nie możesz ulec
Nie myśl nawet że nie dasz rady
Ty to musisz zrobić tak dla zasady.

To musi się udać
Różne na świecie dzieją się cuda
Dążenia wierzenia pragnienia
Sądy i poglądy
W różnych epokach się zmieniają
I nowe światło dają.

I wszyscy razem do jednej mety
Powinni dobiec ale niestety
Ktoś się wyłamał zmęczył
Zniechęcił sumienie złamał
Fizyczne duchowo psychiczne zmagania
I ciągle zadawane pytania
Pozostają bez odpowiedzi
Wszelkich istot przy ich udziale
Zmieniają kształtują i budują na stałe.

Ostrzeżenie

Dobro ostrzegało zło
    Coś ty takie jest uparte
    Robisz to co nieprawdziwe
    I doprawdy nic nie warte.

    Same szkody więc przynosisz
    I tylko same cierpienia
    Odejdź proszę zejdź mi z drogi
    Bo ty nie masz doświadczenia
    Odejdź zniknij do widzenia.

Zło odpowiedziało wściekle
    Co ty widzisz tak przewlekle
    Twoja dobroć jest niepełna
    I zwyczajnie nieprzyjemna.

    Nie rozumiesz zła samego
    Zawsze dążysz do dobrego
    Tylko podaj jaką drogą
    Twoje dobro też jest złe
    Przyznaj się.

Odezwała się normalność
   Wygląda to na niepoczytalność
   Złego prawda czy dobrego
   Nie wynika i nic z tego
   Trzeba dobra i miłości
   Czasem miłość zła jest przecie
   To teoria nie praktyka.

   Zło na świecie człowiek stwarza
   A przysłowie mówi przecie
   Kiedy nie ma gospodarza
   To i żniwo się nie uda
   I są straty i jest źle.

   Zła jest ziemia więc nie rodzi
   Dobry rolnik po niej chodzi
   Więc go zganisz będzie źle
   Gdy się zboże nie urodzi
   Zły na dobrym łamie kły
   A i dobry też jest zły.

Globus i podróże

Kupił Pankracy potężny globus
Prawie okrągły tak jak autobus
Zbierał na zakup ze cztery lata
Odbędzie podróż na koniec świata.

Po co tam sobie głowę zawracać
Kupować bilet może przepłacać
I czas też tracić jakieś dwa lata
By móc się znaleźć na końcu świata.

Po co się męczyć w podróży trudzić
Gdzieś na zajazdach w hotelach budzić
Lecieć pod strachem na wysokości
Albo w pociągach obijać kości.

Tylko w fotelu paląc cygaro
Patrząc na globus ciągnąć patykiem
Zwiedzać Monako Hiszpanię Paryż
Czy Chiny Wietnam i Amerykę.

W Szanghaju spotkać i myszkę Miki
Przepłynąć statkiem gdzieś do Arktyki
Wszystko za darmo podróż hotele
Baszty kościoły muzea szkoły
Wszędzie witamy z miłym uśmiechem
Przez watykańskie klasztorne anioły.

Mogę za darmo z bykiem powalczyć
I w Barcelonie pokopać piłkę
I nie zagrozi mi terrorysta
Będzie to podróż zwyczajna czysta.

Długo się chłopiec podróżą trudził
Oczy otworzył i się obudził
Zniknął autobus prysły marzenia
Nagle się chłopiec zrobił wesoły
Szybko pozbierał książki zeszyty
I biegiem pognał do swojej szkoły.

Nostradamus

Nostradamus dużo umiał
Przewidywał i rozumiał
Teraz właśnie tego lata

Przepowiedział koniec świata.

Piszą o nim gazet strony
Wieszcz ten miał trzy żony
Jedną dużą drugą małą
Pierwszą czarną drugą białą
A trzecia była w rezerwie
Ale o tym to powiem po przerwie.

Badacz doktor mądry wielce
Często siadał przy butelce
Zrobił łyka to miał zwidy
Jakieś cuda i niewidy.

Raz przewidział swój wypadek
Spadł z fotela i stłukł zadek
Ale go bolało krótko
Bo szampana zapił wódką.

Wczoraj przepowiedział wdowie
Że jej mąż był z czartem w zmowie
Jak naćpany leżał w rowie
Nie płacił za pogotowie
Ale umarł na stojąco
Pochowany na leżąco.

Przepowiedział księżnej Francji
Że pokocha swojego zięcia
I tak dużo na tym stracił
Omal życiem nie przypłacił.

Kiedyś z malca zrobił starca
Kijem trzasnął go po palcach
Tamten spuchł i zrobił się stary

Niezłe czary

Z ropuchy chciał zrobić muchę
Zakończyło się wybuchem.

Wskrzeszał zmarłych chował żywych
Ale tylko tych prawdziwych
Nie używał mąk piekielnych
Dla ludzi dobrych rzetelnych.

Raz się dorwał do pokrzywy
Kto był martwy robił się żywy
A trafiło to na Turka
Ten aż urwał się ze sznurka.

Kiedyś tak się schlał opiumem
Wpadł w tak okrutną zadumę
I tej nocy duchy słyszał
Trzy razy na klamce wisiał
I mocno do drzwi przylepił
Że służący go ledwie odczepił.

Był doktorem Honoris Hauza
Leczył płuca i nie kucał
Jak go poprosiła go żonka
Z kolegą się zmienił na członka
To dla dobra swej rodziny
Ulepił bałwana z gliny.

Nostradamus czynił wiele
Co niedziela był w kościele
I dlatego wszystko wiedział
Pastor lat cztery w pudle siedział
Nawet to mu przepowiedział.

Umarł poszedł do lamusa
Szkoda nie ma Nostradamusa
I dlatego tego lata
Odwołany został koniec świata.

Z motyką na słońce

Wszystko wiąże się ze słońcem
Trzeba wiązać koniec z końcem
Trzeba myśleć mądrze krótko
Nie wiązać rozumu z wódką.

Chociaż jesteś wielkim królem
Też się urodziłeś z bólem
Użyj siebie do kontroli
I zrozum że lud też boli.

Coś co wiąże się z ryzykiem
Zostaw w spokoju Afrykę
Nie wtrącaj się w pewne sprawy
Nie bądź zanadto ciekawy
Omiń królu Amerykę
W przykładny sposób i prosty
Nigdy nie czepiaj się i nie bądź ostry.

Złość i butę miej pod butem
Zmień akordy ścieniaj nutę
A armaty schowaj w krzaki
Niechaj bawią się dzieciaki.

Straszysz mocnych tępym nożem
Rozrabiać to jeszcze możesz
Pomyśl chociaż raz o jutrze
Bo ci pycha nosek utrze.

Zastanów się popatrz na słońce
Bo dwa kije mają dwa końce
A cztery aż osiem końcy
Bo to się może źle skończyć.

Wiadomo że od zarania
Motyka jest do ziemniaków kopania
I z którym popatrzeć by końcem
Chcesz walczyć motyką ze słońcem.

Więc pomyśl wybrany dziś królu
Ale poważnie do bólu
Być może przez wszystkich kochany
Nie wolno ci narażać poddanych.

Niejeden król walczył zawzięcie
I przegrał bo poszedł na ścięcie
I duma królewska opadła
Gdy głowa z pieniczka mu spadła.

Nie dąsaj gdy ci doradzają
I słuchaj poddanych modlitwy
I nie przecz i głupio nie gadaj
I z mieczem i procą drewnianą
Na czołgi stalowe nie napadaj.

Bo później gdy już jest po bitwie
I słońce i cień zejdzie z rosą
Martwego sinego bez czucia
Do grobu ciemnego przyniosą.

Notatki wariata

I oto kolejne afery
I studia i głupie papiery
Zdarzenie to bardzo rzadkie
Po studiach papiery wariackie.

Był skromny i chodził do szkoły
Choć czasem wymyślał pierdoły
A może i śmiał się z niczego
Udawał dzieciaka małego.

Zdarzało się myślał odwrotnie
Na polskim to pisał ułamki
I było też takie zdarzenie
Że zaczął się dobierać do Hanki.

Historię zaliczył na piątkę
Kolegę pomylił z frajerem
Na wuefie gdy skakał przez kozła
Najechał na panią rowerem.

Na czwartym roku się rozpił
Przychodził na lekcję na bani
Do domu już wtedy nie wracał
Nocował lecz na plebani.

Czasami tak bywał uparty
Z pastorem do rana grał w karty
I pomógł mu przegrać samochód
Bo liczył na spory dochód.

Gdy robił raz w szkole porządki
Do dziennika wstawił piątki

I to wszystkim po kolei
Za to właśnie go wylali.

Lecz obronił sam magistra
W barze przez zdarzenie małe
I mało go nie przymknęli
Wyrzucił sierżanta pałę.

Z powodu tego magistra
Stara się o pracę ministra
I dzisiaj dostał papiery zgadnij jakie
O żółte takie.

Spełnione marzenia

Jak spełniać marzenia
Uczyła mnie mama
Co zrobić dla duszy
By nie została sama.

I budzić się wesołym
O błękitnym świcie
Przejść dumnym zwyczajnie
Przez wspaniałe życie.

Opanować wzruszenia
Doszukiwać prawdy
Wychodzić naprzeciw
Temu co może się zdarzyć
I nigdy nie przestać marzyć.

Żyć w harmonii z przyrodą
Oddychać na wietrze
Poszerzać horyzonty

Na doskonalsze lepsze.

Zmieniać niepewność
Na chwile coraz milsze
Rozkojarzonej duszy
Może to co się ma zdarzyć
Na dobre obróci.

Żeby nasze małe dusze
Nie czuły się samotnie
I marzenia nie zniknęły
Nigdy bezpowrotnie.

Niezapomniane chwile w Mercer County

Co mi tam wieża Eiffla
Madryt Paryż Niderlandy
Wolę siedzieć na ławeczce
W parku na Mercer County.

Nikt mi nie zabroni odpoczywać
Na małej parkowej ławeczce
Przy zarośniętej trawą
Piaskowej steczce.

W dali na małym drewnianym mostku
Młoda para śluby czyni
Ona wyniosła w białym welonie
Wybranek jej serca przytula się do niej.

Nie przypadkiem wybrali to piękne miejsce
Na start do nowego życia
I jakaś zabłąkana wiewiórka
Spogląda na nich z ukrycia.

Piękne dziewczyny młoda i młodsza
Grają we frisbee w zielonej przestrzeni
Pięknej powabnej niespotykanej
Skoszonej trawie silnej wystawnej.

Piękna pogoda czyste powietrze
W lustrzanej fali wodnej zanurzysz ręce
Jesteś szczęśliwy co teraz czujesz
Czyż trzeba więcej?

Zmęczony biegacz sapie i mruczy
Ścieżynką krętą raźno przemyka
Trzeba uważać żeby przypadkiem
Nie stuknąć w żabkę albo indyka.

Zwinna dzieweczka rowerkiem śmiga
Chłopiec plecaczek na plecach dźwiga
Park zawsze pełen przybyłych gości
Nic tu nie stracisz po znajomości.

A zachód słońca płomienne wstęgi
I świętojańskie dziwne płomyki
Jeśli zapragniesz to zapraszamy
Do Mercer County do Ameryki.

Nietypowa kraina

W pewnym państwie sprawiedliwym
Szkoda nazwy nie pamiętam
Nikt z mieszkańców nie pracował
Cały tydzień były święta.

Każdy domek swój posiadał

I samochód i powietrze
Wszystko było tam solidne
Kosztowne i najlepsze.

Kiedy zmęczysz się wędrówką
Śmiało siadasz gdzieś na trawie
Obce było okrucieństwo
Kradzież czy jakieś bezprawie.

Ulice pełne ludzi życzliwych
Zawsze wesołych wrażliwych
Skorych do wszelkiej pomocy
Nie tylko za dnia lecz i w nocy.

Radość możesz dostać w kiosku
Chcesz więcej czy po troszku
Smutek zawsze zakazany
Za to śmiech mile widziany.

Miłość też za darmo była
I się nigdy nie kończyła
Nikt nie przeszkadzał nikomu
Zawsze jesteś w swoim domu.

Chciwość zazdrość zakazana
Wszyscy uśmiechnięci z rana
Wspólne bale i wakacje
Zabawy spotkania kolacje
I nie było oszukaństwa.

Tam nie było też mamony
Nikt nie przemawiał z ambony
Nikt nie straszył więzieniem i karą
Każdy żył pod jedną miarą.

Przypomniałem teraz sobie
Co ja na tej ziemi robię
Tylko oszukuję siebie
Nie przepowiadam nie wróżę
I zgodnie z taką potrzebą
Pojadę do tego państwa
Co ma na imię Niebo
Ale na ziemi pobyt przedłużę
Chyba że na Niebo zasłużę.

Materializm

Materializm na globie ziemskim
Robi wciąż postępy
Człowiek chociaż rozumny
Robi się coraz chciwszy uparty i zawzięty.

Coraz więcej gromadzi dobra
Produkuje dniem i nocą
I nasuwa się tu pytanie
Dlaczego i po co?

Produkowana żywność wyrzucana w błoto
Gdzieś w bankowych sejfach gromadzone złoto
Grobowce na cmentarzach ogromne jak domy
Na wojskowych poligonach rakiety i atomy.
.
Pragniesz coraz więcej i więcej
Po co i dlaczego?
A prawda jest ostateczna
Nie zabierzesz tego.

Ktoś często łamie prawo

Z nikim i niczym się nie liczy
Udaje że nie dostrzega biedy
Nic go nie obchodzi
I wszyscy wokoło milczą
Dziwne przykre tabu
Kto będzie się zatem liczył
Z biedną kruchą żabą.

Zdarzają się jednak i ludzie prawi
Nadzwyczaj uczciwi
Którzy świat rozumieją
Prości i prawdziwi
Pełni zwykłej prostoty
Hartu wytrwałości
Którzy żyją dniem codziennym
W zgodzie i miłości.

Pan prezes

Gdy chcesz być urzędnikiem
I pracować w biurze
To musisz się dogadać
Z tymi co są w górze.

A gdy już się dogadasz
By w biurze pracować
Musisz się więc nauczyć szybko
Dodawać i odejmować.

Mnożyć dzielić i potęgować
Wyciągać ułamki
A nie tylko dłubać w nosie
I wrzucać do szklanki.

Można to łatwo opisać
Widząc prezesa Władka biuro
W którym znajdzie się browar
Atrament i pióro
I sekretarka ubrana
W jakieś modne ciuchy
I samogonu szklanka
Trzepaczka na muchy.

Sekretarka wiadomo
To biurowa pani
Opieprzyła dziś woźnego
Bo przyszedł do pracy bani.

I ogląda w lustereczku
Swoje modne nowe ciuchy
Wykonując jakieś przedziwne
I nieskromne ruchy.

Godziny otwarcia urzędu
Od ósmej do piątej
Sekretarka otwiera zwykle
Około dziesiątej.

Torebki z malowidłami
Rzuca gdzieś pod ławkę
Rozparta w fotelu szefa
Robi mocną kawkę.

Prezes przyjedzie do pracy
Gdzieś za dwie godziny
To normalne w poniedziałek
Bo był u rodziny.

Zatrzymany przez glinę
Zrobił straszną minę
Długo się nie tłumaczył
We krwi dwa promile.

Policjant też miał kłopot
I to bardzo wielki
Bo pana prezesa to chroni
Immunitet poselski.

Komendant u pana prezesa
Był czule witany
Tak się z panem prezesem nabzdryngolił
Że spadł na organy.

Prezes w fotelu usnął
Bo też przebrał markę
A sekretarz w drugim biurze
Trzymał sekretarkę.

A klienci stojąc
Przed zamkniętym biurem
Patrzyli przez szybę
Jak sprzątaczka z akwarium
Wyciągała rybę.

Trzeba będzie usmażyć
I podać na tacy
Bo pan teraz zajęty
Później zje lunch do pracy.

A klienci bo koniec tygodnia
Odeszli sprzed biura
Na pana prezesa jak zwykle

Czekała już fura.

Pan prezes się starał
Niczym nie przejmował
On zawsze dodawał
Nigdy nie odejmował.

Wypadek Hrabiego 1714 r

Było to w środę z samego rana
Hrabini pani zakłopotana
Bo to się stało całkiem niechcący
Wszystkiemu winien jest tu służący.

Hrabiego pana o rannej porze
Tak przypiliło na dużym dworze
Ale tak bardzo wstać się nie chciało
A przez noc całą się nazbierało.

Do ubikacji miał ze trzy metry
Trzeba włożyć szlafrok naciągnąć getry
I ciepłe kapcie wsunąć na nogi
Ciężko jest panu bo nie jest młody.

Kręci się hrabia ciśnie go w członek
Więc leżąc w łóżku sięgnął po dzwonek
Potrząsnął dzwonkiem ze cztery razy
Ostrożnie trochę upuścił gazy.

Wpada służący pan cały blady
Próbuje pomóc i nie dał rady
Trzeba coś zrobić jak życie miłe
Odwrotnie wsunął basen pod tyłek.

Dobrze że basen mocny bo ruski
Hrabiemu nagle wypadły kluski
A taką siłą to uderzyło
Że aż panu głupio zrobiło.

    Ale wypadek wrzasnął służący
Pan się obrócił na bok niechcący
Jak to zobaczył i przyrodzenie
Wpadł w szok potężny dostał omdlenie.

Szybko przyjechał pastor z plebanii
Dwóch policjantów z trzema psami
Doktor przyjechał ogarnął wszystko
Co tu przyszywać i kombinować
Najlepiej będzie wyrzucić wszystko.

Hrabia po chwili odzyskał mowę
Wkrótce w kościele był u spowiedzi
Ale spowiadał się na stojąco
Bo co tu teraz można powiedzieć
Głupio też klęczeć gorzej też siedzieć.

Wyrok sądowy zapadł w sobotę
Służący stracił w zamku robotę
Na cztery lata trafił za kratki
Tęskni do córki zięcia i matki
Ale mu jeszcze mogą dołożyć
Niech wie na przyszłość jak nocnik włożyć.

Sąd

Sąd to już poważna sprawa
W sądzie to nie jest zabawa
Możesz tutaj stracić wszystko

Stanisław Pysek Prusiński

Dom rodzinę sedes rżysko
I na cmentarzu siedlisko.

Sędzia i przysięgli z ławy
Mają co dzień różne sprawy
Mniejsze większe nietypowe
Dziennie po cztery na głowę.

Choć służący salę wietrzy
To sądowi też się pieprzy
Tak jak wtedy tego lata
Więc nie wchodź do sądu bez bata.

Proszę bardzo sprawa słonia
Pan gdy zawiązał mu trąbę
Słonia to wkurzyło bardzo
Stuknął pana wybił plombę.

Sprawa głupia i nieczysta
Zarobił na tym dentysta
Słoń za karę spłaca raty
Właściciel poszedł za kraty.

Proszę państwa sprawa wtórna
Wykastrował gościu knura
Knur bezpłodny już rok trzeci
A knurzyca nie ma dzieci.

Gościu dostał aż cztery lata
Knurzyca z in vitro lata
Knur na życiu dziś ułomny
Łazi głodny i bezdomny.

Sprawa kota spod Warszawy

Wygrał proces nie ma sprawy
Kotka łapie w nocy myszy
On udaje że nie słyszy
To się musi unormować
Musi na dziada pracować.

Sąd zasądził alimenty
Kot spokorniał i się zbiesił
Zastrajkował tak się wkurzył
Unijną flagę wywiesił
I nawiał tej niedzieli
I tyle go w kraju widzieli.

A dwa psy się posprzeczały
Przez noc darły wściekłe gęby
A gdy zjawił się właściciel
Przypadkowo dostał w zęby.

Już nie śpiewa gra na lutni
I nie wcina się do kłótni
I przy budzie trwa z bezruchu
Uwiązany na łańcuchu.

Zwyczajna cienka sędzina
To takie numery wycina
I to żona córka matka
Wczoraj osądziła Władka.

Orał pole Władek latem
I uderzył konia batem
Koń zaskarżył go do sądu
By nie było samosądu.

Sąd z tym szybko się uporał

I zrobiło się tak modnie
Teraz chłopa biją batem
Koń pogania a chłop ciągnie.

Nie trzeba dwa razy powtarzać
Trzeba na sądy uważać
Nie używać i nie brykać
Tylko w swoje łóżko sikać.

Król lew i brzydkie małpy

Najlepiej to nikogo nie zapraszać
By uniknąć sporów
Bo można się doczekać
Małpijnych humorów
Bo można czasami
Wiele na tym stracić
I za swoją dobroć
Surowo zapłacić.

W lesie było tak pięknie
Rankiem i w południe
Ptaszki ćwierkały pięknie
I pachniało cudnie.

Władcą w lesie był lew
Stary silny i przystojny
Rządził on sprawiedliwie
I stronił od wojny.

I panowała zgoda
Nikt nie walczył z misiem
Koza przekomarzała się wesoło
Z zajączkiem urwisem.

Słowem było wspaniale
Bez walki i sporów
Przysłowiowo nie brakło
Nawet i kawioru.

Atmosfera w lesie była
Wspaniała i łatwa.
Nagle pewnego razu do lasu
Zawitała małpa.

Król pożałował małpę
I małpiej rodziny
Nie zważał że małpy się krzywiły
I robiły miny.

I od tego czasu zaczęły się dziać
W lesie różne dziwne rzeczy
Małpiszon z ukrycia uszkodził
Zajączkowi plecy.

Zniknęły z mysiej jamy
Aż dwie myszki bure
Ktoś borsuka jak spał w jamie
Związał mocnym sznurem.

Małpiszony misiowi
Podpalili jamę
Małpa z uczty wracała
I rąbnęła w bramę.

Zdenerwował się lew stary
I zwołał zebranie
Małpiszon z małpą się nie zjawił

Na jakieś gadanie.

Co mi tam głupi kozioł
Czy jakiś lew stary
Ja jestem najmądrzejsza
Nie ma na mnie kary.

Ja tu jestem królową
Tego lasu panią
I nazajutrz w południe
Rozprawiła się z łanią.

Łania sarenka stara
Tak się wystraszyła
Wskoczyła do stawu w lesie
I się utopiła.

Co zrobić z tak krnąbrną małpą
Myślał król lew długo
Będę musiał ją dopaść
Pogadać nad strugą.

Razu pewnego zajadał
W lesie na obiad powidła
Małpy na starą lwicę
Zastawili sidła
I biedna stara lwica
Zmarła w wielkich mękach
Lew bardzo żony żałował
Przyniósł w dom na rękach.

Tak przebrała się małpom miarka
Lew zawołał straże
I rodzinę małpiszonów

Przyprowadzić każe.

Długo musieli strażnicy szukać
I mocno nasapać
Żeby wściekłe małpiszony
Do klatek połapać.

Na sądzie leśnym małpa
Twierdzi że jest niewinna
Broni się zażarcie
Skazana została z rodziną
Hienom na pożarcie.

Szybko się zatem z małpami
Rozprawiły hieny
I wandale małpie pyski
Zeszły z leśnej sceny.

W lesie znów nastał porządek
I czas sprawiedliwy
Nie wpuszczaj nigdy do domu tego
Kto jest głupi złośliwy i chciwy.

Za piętnaście szósta

Nadchodzi natchnienie pisarza wieczorkiem
Przed szóstą godziną przy niedzieli
Właśnie dzień się kończy
Cień nocy się ścieli.

Ostatnie promyki słońca
Swoje znaki dają
I szybciutko dzienne światło
Bezpowrotnie zabierają.

Nastała dziwna cisza
Pisarz się rozchmurzył
I ostatni werset wiersza
Przed spaniem powtórzył.

Z nadzieją że natchnienie
Po przespanej nocy wróci
Nowych myśli i zwrotów przysporzy
Nowe słowa do pióra włoży.

A może byś tak pisarzu
Napisał wiersz o pięknej nocy
O tym co może się przyśnić
Krótko po północy?

Albo może na krótko
Tuż nad samym ranem
Marzenia dodają otuchy
I słowa szeptane.

Niepewność autora

Przeczytał swoje wiersze
I nastała cisza
Widownia jakby zamarła
Kurtyna się zawarła
Wydawało się poecie
Że go nikt nie słyszał.

I myśli jak błyskawice
Przemieszczają w głowie
Co dalej może nastąpić
Co publiczność powie?

I chwile tej dziwnej niepewności
To jak straszna kara
Uczucie że może zawieść
Marzenia niespełniona wiara.

Tyle trudu uczucia włożone
We strofy wierszane
Zostaną nagle utracone
I niezrozumiane.

Myśli kłębią się głębią
Jak pierzaste obłoki
Świat staje się jakiś odległy
Wąski niemierzalny
Coś w rodzaju muzycznej
Strofy długiej niewidzialnej.

Nagle tę ciszę martwą
I niepewność pisarza
Wielki chór braw przerywa
I publiczność jak podmuch wiatru
Na nogi podrywa.

I ocknąłem się ja poeta
Aż mi tchu zabrakło
I w moich starganych myślach
Błysnęło nowe światło.

I duma mnie ogarnęła
Zamarłem z radości
I zrozumiałem co nastąpiło
Ku nowej przyszłości.

Ale to tylko marzenia
Jak rytmy z Szopena mazurka.
Bo tak naprawdę to ta publiczność
To żona synowie i córka.

Ból

Ból jest częścią istnienia
Każdego ziemskiego stworzenia
I żywego i martwego
A to dlatego.

Forma cierpienia się zmienia
Do tak ważnego zagadnienia
Bólowego fizycznego i psychicznego
Jak coś niewiadomego pochodzenia.

Ból fizyczny i psychiczny
Niejednakowo odczuwalny
Jest realny i bardzo boli
Nie masz nad nim kontroli.

Stworzona sytuacja do bólu
Pomyśl władco wielki królu
Ból poddanych z niedostatku
Skrywany potajemny jak kielich goryczy
Rozpala boli i syczy.

Ciało boli cierpi dusza
Idzie razem w jednej parze
Połączone w jedną całość
Jak struny w starej gitarze.

Rzeczy martwe drzewa kwiaty

Też ból często odczuwają
I fizyczny i duchowy
I wyrazy tego dają.

Proszę struna od gitary
Pęka nagle u osnowy
Tylko jedna taka struna
I powstał dźwięk inny nowy.

I muzyka teraz inna
Już mniej skoczna jakaś zimna.
Skąd się zatem biorą bóle
Nie wiadomo jest w ogóle.

Chcesz się przekonać z bólem zmierzyć
Proszę się w palec uderzyć
A odczujesz ból fizyczny
I jednakowo psychiczny.

Gwałtu rety

Gwałtu rety co się dzieje
Źle jest gdy rządzą beznadzieje
Bo to jest przywilej taki
Afery działają chłopaki.

Duży trzeba mieć experience
Żeby takie sprawy zbadać
Ale jeszcze większą wprawę
By bezczelnie tak okradać.

Dobrze gada w górę dziada
Co poczciwszy niech spada
Ten co kradnie z pierwszej półki

Stanisław Pysek Prusiński

Ukradł złożył na jaskółki.

Taka sobie majstra żona
Też została ukradziona
I to przez złodzieja z dachu
Ale się najadła strachu.

Teraz mieszka u burmistrza
Jest zadbana schludna czysta
Dotąd szuka jej hałastra
Zniknął majster szkoda majstra.

Ten podobno tak się zbiesił
Na ręczniku się powiesił
Przedtem ponoć kąpał w wannie
A utopił się w fontannie.

Organista też wziął kasę
Pochowano go pod lasem
A policja dalej się trudzi
W nocy zwykłych ludzi budzi.

Panna co ukradła szminkę
Żeby pomalować usta
Doktor stwierdził jej chorobę
Że jest zła bezczelna pusta
Z przychodni zginęła wata
Zamknęli ją na cztery lata.

Terroryści anty wpadli
Wszystko z szafy mu ukradli
Żonę z łóżka wyciągnęli
Broszkę z pępka jej wypięli
Biżuterię wzięli z pieca

Ale heca.

Zerknęli i do materaca
Bo to rutynowa praca
Pani bystra miała kaca
I na plecy się przewraca.

Buzię jej zakneblowali
Taśmą nóżki związali
Trzy dni pani żyła w strachu
I najadła się obciachu
Reporterzy z tv stali
Całą akcję filmowali.

Wczesnym rankiem jakaś owca
To nawiała z odrzutowca
Przedtem też ukradła kasę
Wylądowała pod lasem.

Terroryści się zmylili
Przerwali różaniec w domu
Panią domu tak pobili
I wybili panu zęby
Pary nie wypuści z gęby
Będzie odtąd żarł otręby.

A prezydent tak się wkurzył
Całej swojej władzy użył
I złodzieja wziął do łaski
Później zamknął do więzienia
Bo mu nie pociągnął laski.

Prości ludzie co wy na to
Rabują ci co są w Zato

Idą tam gdzie ich nie trzeba
Skradli we wsi kawał nieba.

Na ćwiczeniach w Kampinosie
Odpalono stare czołgi
Zamiast w górę i wysoko
Wpadły do lustrzanej wody.

Wspólne ruchy i działania
Pu ulicy idzie Hania
Poderwało jej sukienkę
Zdążyła wyciągnąć rękę
Odciągnęli ją na stronę
I manewry zakończone.

Te smartfony też nie lepsze
One to psują powietrze
Ukrywając się zza flanki
Codziennie zmieniając kochanki.

Tak się wczoraj dogadały
I szybciutko pokochały
W nocy nad samiutkim ranem
Buchnęli marihuanę
Tak się później napalili
Rozkochali i spocili
Ogłoszono prawdę całą
Cóż nic złego się nie stało.

Wysadzają się tak sądzą
Za swoje prywatne pieniądze
Ci nie kradną bo im dają
Ten co daje to też kradnie
Nie wygląda to tak ładnie.

A w szkolnictwie wolna wola
Wąchać możesz od przedszkola
W pierwszej klasie użyć kokę
Wracasz do domu z podskokiem
Cały zawalony trawą
        Twoje prawo.

W szkole średniej się najarasz
A gdy dobrze się postarasz
To ci tata kupi furę
Zdasz maturę.

A na studiach chcesz coś zmienić
Możesz nawet się ożenić
Tata fajny da ci kasę
Kupi chałupkę pod lasem.

Siedzisz w domu grzejesz dupkę
Robisz siku czasem kupkę
Łykasz kawior i browary
Nie pracujesz kradnie stary
Tata zadba o twoje sprawy
A skąd kasa nie ma sprawy.

Mama od wczoraj na wizji
Zniknęła kasa z telewizji
Nie za wiele ile było
Wszystko dobrze się skończyło.

Nawet w banku są przecieki
Buchnął kasę ktoś z bezpieki
Prezes już policzył franki
Wszystko oddał dla kochanki.

Co pan mówi? Ja nie biorę
Ja tylko te brudne piorę
To doprawdy oczywiste
Piorę brudne biorę czyste
Ja to tylko na tym tracę
Bo za proszki słono płacę.

Tak się dzieje i tak sądzę
Wszystkiemu winne pieniądze
Żeby z kasy nie rabować
Nie trzeba ich produkować.

Zamknąć produkcję pieniędzy
I nie dopuścić do nędzy
Bo mamona kusi ludzi
Uczucia w nich brzydkie budzi.

Proszę

Proszę o siłę gdy ciało słabnie
Oddech się kurczy myślenie liche
Może za wiele bo to nieładnie
Ten kto mnie stworzył
                On to odgadnie.

Usłysz wołanie mój Święty Panie
Gdy nie pomożesz w czarną noc ciemną
Odejdę blednąc krew mi zastygnie
W pustkę bezkresną w przestrzeń bezdenną.

To co zepsułem czego nie chciałem
To czego kiedyś nie rozumiałem
To teraz ciągle do myśli wraca

Tego żałuje i życie skraca.

Tak zrozumiałem to co prawdziwe
Tak późno przyszło razem z tęsknotą
To co tak ważne w życiu na ziemi
To nie porówna z nieba prostotą.

Wszelkie dążenia ziemskie zamysły
Człeka zamiary w pył obracają
Liczy się tylko miłość i prawda
Te właśnie cechy szczęśliwość dają.

Chciałbym się cofnąć do tego czasu
Gdy jak niemowlę na świat przyszedłem
I niebo w swojej pierwszej kołysce
W oczach matczynych wtedy dostrzegłem.

Czasem tak trudno chwile zwątpienia
I strach przed śmiercią ciało oblega
Gdy mgła kobiercem oczy zasłania
Gdy coś dziwnego się z duszą dzieje
Cisną się wtedy różne pytania
                         Bez odpowiedzi.

Moim pragnieniem tak to co czuję
Przelać na kartki białej papierze
I przestrzec jakąś zbłąkaną duszę
Nie poprzestanę ja pisać muszę
O czymś co kusi i wzbudza troskę
Szanować ludzkie uwielbiać boskie.

Zrobić w konia

Zrobić w konia albo udawać

Stanisław Pysek Prusiński

Żabę czy może bezzębną babę
Leżeć na piasku i rechotać
A może kucnąć jak zając za płotem
                I co potem?

A potem się można oblewać
I czego się można spodziewać
Bo zamiast na szczęścia słonika
Dostałaś czarnego konika
Przy smutnym święcie w prezencie.

Nadęta szara buzia
Obok czerwona róża
I srogi krzywy wyraz twarzy
I to musiało się tobie przydarzyć
Bo robisz już głupie pozy
Podobna do dzikiej kozy
Podziwiając siebie
Zdjęłaś ciężar jesteś u siebie.

Zarżyj zarechocz w lustra patrzydło
Czy podoba ci się to straszydło
Które na ciebie patrzy
Jak w teatrze mrozi żyły
Obraz ci jest miły.

A w sali lustrzanej widnieje
Obraz twojej duszy i maleństwa
                Obraz człowieczeństwa
Malucha pozostawionego w lesie
Przy rozłożystej topoli
Czy to cię aby boli
Czy porusza sumienie matczyne ta mała dusza
Czy to ciebie matko nie wzrusza?

Sumienie amnezja rozterka to muzyka
Grozy bezdusznego bezprawia tak cię rozbawia
Gdy mizdrzysz się do lustrzanej toni
Trzymając szminkę w dłoni.

Milena

Nadąsana panna Milena
Szukała jelenia w parku
Było południe pachniało cudnie
Naokoło dużo kwiatów i zieleń
                A gdzie ten jeleń?

Zamyślona usiadła na ławeczce
Przyglądając się zielonej trawce
Zaczęła marzyć
O jeleniu o złotych długich nogach
Na mocnych platynowych rogach
O zastawnym zamku i komnatach
O ślubnym welonie złotej koronie.

To dla mnie za mało
I przeglądając się w lustrzanej wodzie
Pomyślała nie chcę tego
Muszę mieć coś specjalnego
To musi być jeleń szczerozłoty
Muszę go ciągnąć za rogi.

Cóż w tej pięknej krainie
Błyszczało złoto i zieleń
Nie pokazał się taki jeleń
Nagle błysnęło zagrzmiało
                I się stało.

Przed babcią Mileną pojawił się
Nowy dzielnicowy znajomy z jarmarku
I powiedział
        Babciu nie wolno pić w parku piwa
        I niech się babcia nie kiwa
        Bo to nieładnie
        Robi się ciemno i ktoś panią okradnie.

Babcia Milena podpierając się laseczką
Wstając powiedziała
        Piękna zieleń skąd ten jeleń?

Kropidło

Niebywałe brzydka sprawa
Na plebanii straszna wrzawa
Niefortunnie się zaczęło
Bo kropidło gdzieś zginęło.

Pastor miał jechać po kolędzie
Lecz nie może co to będzie
Bez kropidła nie przystoi
A kościelny też się boi.

Konia zaprzągł już parobek
Pastor opróżnił miseczkę
Zdenerwował się troszeczkę
Bo kropidło to dorobek.

Czy się rozstąpiła ziemia
Szukają kropidła nie ma
Gospodyni wrzeszczy lament
Skąd tu raptem sprawa nagła

Może to robota diabła.

   Pastor zabrał głos w tej sprawie
   Co też gospodyni chrzani
   Diabeł tutaj na plebani
   On jest głupi i ma rogi
   Boi się święconej wody.

Sprawa już nabrała toku
Koń wpadł w nerwy też jest w szoku
Bardzo mądry wyświęcony
Przy tym dobrze wykształcony.

Pomyślała stara szkapa
Gdy znów skłamie będzie klapa
Może nawet stracić pracę
Pan na owies przymknie tacę.

Zarżał konik i pomyślał
Przyznam się z samego rana
Pastor wrócił po kielichu
Położył je koło siana.

Właśnie wyszło z worka szydło
I to nad samiutkim ranem
To kropidło omyłkowo
Szkapa zżarła razem z sianem.

Koń klęczał aż dwie godziny
Pastor przyjął przeprosiny
I oddalił się do chaty
Dodatkowo konik dostał
Od parobka cztery baty
A to za to i dlatego

Nie dotykaj święconego.

Rondelek

Chlipał beztrosko kotek
Mleko z rondelka małego
Nagle przestał spoważniał
Mocno się napuszył
I bardzo wystraszył
Rondelek się ruszył.

Cienkim głosem rondelek
Zaszeptał do kotka
    Wczoraj spadłem ze stołu
    Obtarłem sobie skórkę
    Uszkodziłem na boku
    I zrobiłem dziurkę.

    Nie nadaje się rondelek do gotowania
Powiedziała ciotka
    Chyba tylko na śmietnik
    Dla pieska czy kotka.

I rzuciła go na podłogę
Odpadło mu ucho
Gdzieś bardzo daleko
A dlatego że w rondelku
Przypala się mleko.

Wysłuchał kotek skargi
I zmartwił się wielce
Przykucnął za zmęczenia
I zasnął na belce.

Nazajutrz kotka spotkała
Znowu przykrość wielka
W swoim małym kąciku
Nie ujrzał rondelka.

Zła ciotka wyrzuciła rondelek
I kotka kołderkę
A kocina zrozpaczony
Odszedł na poniewierkę.

Długo się kotek błąkał
Krążył w zagajniku
W końcu bardzo zmęczony
Usnął na śmietniku.

Jakiś pan co wyrzucał śmieci
I zajrzał do środka
Zupełnie przypadkowo
Zauważył kotka.

Wziął kotka Mruczka
Na swoje ręce siwy stary Felek
I spojrzał na dół śmietnika
I ujrzał rondelek.

I w tym samym momencie
Kot spojrzał na Felka
I dwoma łapkami
Uczepił się rondelka.

Pan przygarnął do domu
Kotka tej soboty
I jak się później okazało
Rondelek był złoty.

Stanisław Pysek Prusiński

Czas kalendarza

Codziennie w nocy mam różny sen
I obliczony mam każdy dzień
Wiszę na ścianie i jestem ważny
Niepowtarzalny nieobliczalny.

W środku mam imion różnych tysiące
Czasem do pokoju wpada słońce
Wtedy się szybko ożywiam
Składam tygodnie całe miesiące
Jestem odważny mądry poważny
Rano młodnieje wieczorem starzeje
Tak z kalendarzem zwykle się dzieje.

W środku posiadam cyfry literki
Jestem nad wszystko potężny wielki
Zawieram w sobie dni i doby
I nie jestem dla ozdoby
Jestem jak pan i hrabia
Ja na siebie pracuję zarabiam.

Wiem kiedy się urodziłeś kiedy się ożeniłeś
Kiedy umarł ktoś bliski z rodziny
Pamiętam daty jestem bogaty
Nikt nie pamięta tak dobrze
Jak ja kalendarz na ścianie
Wiszący i wszystko słyszący.

Słyszę zegara bicie i kłótnie
Czasem ktoś ze środka kartkę mi utnie
I datę nową w środku zaznaczy
Z kalendarzem nie można inaczej.

Lecz w dni powszednie czasem się smucę
Ale na krótko do lepszych wracam
Tylko co miesiąc kartkę odwracam
I już nie wracam.

W święta wesoło kartka czerwona
Cała rodzina zadowolona
I sto lat sto lat a czasem dwieście
Wtedy odżywam żyję nareszcie.

Bo kalendarze na wieki żyją
Nie spacerują nie używają
Chociaż to wiszą nieźle się mają
        Nie umierają
Wszystko mam proste jak elementarz
Ja zapamiętam ty nie pamiętasz.

Tak ciągle żyję i w życie wierzę
I w świadomości i w komputerze
Idę do przodu i dni przebiegam
Spełniam marzenia i sam też marzę
Bo jestem wieszczem i kalendarzem.

Odchudzanie

Raz w nerwy wpadła Renia
Weszła na wagi szalę
Trzysta funtów pokazało
Nie będzie jadła wcale.

Zabrała się za siebie
By siebie nie zanudzić
Przerwała pożywienie

Bo musi się odchudzić.

Nie będę taka gruba
Ja muszę to odwrócić
Mąż może przestać mnie kochać
I nawet kiedyś rzucić.

Codziennie więc o świcie
I właśnie z tej rozterki
Mąż musi na grubasku
Wykręcić trzy numerki.

Bo seks to gimnastyka
Mówiła Reni Hania
Więc chłop się musi sprężać
Bo co ma do gadania.

Przestała jeść kiełbasę
Fasole i pić trunki
Przez tydzień razem z mężem
Dziewięćdziesiąt dwa stosunki.

Mąż poszedł do kliniki
Bo serce mu wysiadło.
A Renia siedzi głodna
Zniknęło wszystkie sadło.

I to poskutkowało
Więc rezultaty mamy
Przez trzy tygodnie postu
Zniknęły kilogramy.

Głodówka się sprawdziła
I Renia jest seksowna

Zrobiła się chudziutka
Wesoła i rozmowna.

I mąż jej wrócił zdrowy
I umiar z seksem wrócił
Obiecał teraz Reni
Że nigdy jej nie rzuci.

Pokorne pióro

Tak doprawdy już nie mogę
Pióro spadło na podłogę
W pisadełku powstał zamęt
Pewnie skończył się atrament.

Mój właściciel stary pisarz
Często dostaje olśnienia
Czasem mocne coś wystrzeli
I używa pióra duszy
Czytających tym poruszy.

Kto się lubi ten się czubi
Czasem jakiś wyraz zgubi
Nieraz może zakołysze
I nie myśli ale pisze.

Patrząc w górę ciężko wzdycha
Lecz pisania nie przerywa
A wiadomo tak jest czasem
Z pisarzami różnie bywa.

Czasem to podsuwa myśli
Skrobie głośno na papierze
Sny ma dziwne i koszmarne

Że mnie nieraz litość bierze.

W środku mym atrament ściska
Co też writer w papier wciska
Nowe słowa muszę witać
To na pewno się nie skończy
O to nawet nie śmiem pytać.

Jestem tylko zwykłe pióro
Mnie to często się przydarza
On nie może żyć bez pióra
Wieczne pióro bez pisarza.

Teatr współczesny

Akt I
Reżyser przemówienie początek.

Drodzy państwo uwierzycie
Tak wygląda świat współczesny
Teatr kino telewizja
Wszystko kręci się wiruje
Coraz lepiej nowocześniej
Mówię do was nic nie knuje.

My aktorzy wy widzowie
To ci sami ludzie przecie
Ten co widzi krytykuje
Czasem też źle robi wiecie.

Ja się wstydzę ja to umiem
Nie chcę nie wiem nie rozumiem
Chciałbym zmienić lecz nie mogę
Widzę swoją własną drogę.

Każdy z widzów to pamięta
Wszyscy kochamy zwierzęta
Mamy psy lwy i tygrysy
Co się kręcisz ty tam łysy
To do ciebie oj kochana
Coś ty taka zasmarkana.

Ty tam w kącie zostaw żarcie
Nie nadymaj się grubasie
Bo ci guma pęknie w pasie.

Szef mikrofon mu wyłączył
I zamieszki wyszły małe
Jak reżyser skończył gadać
Ktoś mu z boku przylał w pałę.

I kurtyna się otwarła
A publiczność aż zamarła
Wypuścili z budy wieprza
Ten wystawił grubą pupę
I padlinę z michy wpieprza
Mlaska niezłe mięcho dobre
Ktoś się zbliżył odgryzł torbę.

Z kąta wylazł stary wyżeł
I mu otwór z tyłu liże
Wielkie brawa i owacje
Jakaś babcia wymiotuje
Z przodu facet się podniecił
Proszę mocniej niech poczuje.

Aktor z boku znaki czyni
Ktoś podpieprzył żarcie świni

Wyżeł zląkł się zrobił kupę
Prosię pokazało pupę.

Na arenę wpadły hieny
Całe gołe i bez tremy
Jak to świnia zobaczyła
Sp... się ze sceny.

I się stało co pan powie
Świnie wzięło pogotowie
Sprawa prosta samo sedno
Świni to jest wszystko jedno
Prosta była innowierca
I zdechła na atak serca.

Wcale się nie zmartwił wyżeł
Siedzi dalej i coś liże
Bo tak musi i to fakt
Zapłacone ma za akt.

II scena
Ziemia orna trochę porna i gorąca
Reżysera przyniesiono
I przemawiał na leżąco
Bo po drodze rąbnął ćwiarę
Przywiązany był za karę.

Ktoś mu na łeb wodą chlusnął
Krzyknął brawo nagle zasnął
I żeby nie było ściemy
Zniesiono biedaka ze sceny.

Znowu brawa krzyki znicze
Zapalono nawet świece

Ale nie zmieniajmy faktu
Posłuchajmy drugiego aktu.

Akt II
Zza kotary wyszła gwiazda
Cała goła ale jazda
A widzowie oszaleli
Czapki kurtki majtki zdjęli
Jeden biega zipie hasa
Wszyscy w kółko na golasa.

Panny w górę hej w naturze
Cycki małe średnie duże
Cycki prężne liche stare
To z radości nie za karę.

W górę majtki biustonosze
Dotknij świeże cycki proszę
Echo głośny odzew niesie
Pogłaszcz mnie po interesie.

Hulaj nagus hola hola
Ktoś już nawet strzelał gola
Ktoś wypuścił białe mleko
Tak dla hecy białe plecy.

Gość tak drze się wniebogłosy
Ktoś mu z dołu wyrwał włosy
A właściciel się wydyma
Twardo z dołu laskę trzyma.

Znowu brawa wiwatusze
Kapelusze i butelki
Brawo sztuka wiwat porno

Wiwat cały teatr wielki.

Starsza pani łzy otarła
I ze szczęścia biedna zmarła
A mąż babci też się wstydzi
Szkiełka wcięło nic nie widzi
Dusza babki poszła z wiatrem
Każdy cieszy się teatrem
Każdy kocha rolę orną
        Wiwat porno.

Niestety nie wytrzymałem
Tak się mocno załamałem
Że przez okno wyleciałem
To był taki dziwny taniec
A na zewnątrz placu bitwa
Wielkie krzyki i modlitwa.

Jestem trochę obolały
Oberwałem cztery pały od policji
A od chłopów
Około dwudziestu kopów.

Dobrze że nie było wiatru
Już nie pójdę do teatru
I wyrzekłem się pornusa
Od dziś teatr mnie nie rusza.

Wicek i panna Klara

Wicek nie był politykiem
Ani władzy przeciwnikiem
Był rzetelny biedę znosił
Raz nawet pastora przeprosił

Za to że za trzecim razem
Był u spowiedzi pod gazem.

Przed niedzielą go natchnęło
Chłopak podjął wielkie dzieło
Trzeba będzie życie zmienić
I niezwłocznie się ożenić.

Mam samochód dwa rowery
Na co czekać do cholery
Muszę szybko szukać żonę
Kropka to postanowione.

A przysłowie mówi stare
Bądź odważny łyknij ćwiarę
Możesz więcej dla humoru
Tylko nie wypijaj wanny
Bo pijaków nie chcą panny.

Myślał Wicek sołtysówna
Taka sobie babka równa
Ma co trzeba pod sukienką
Sołtys też nie przędzie cienko
Gospodarkę się powiększy
I chałupka się upiększy.

Poszedł Wicek do kościoła
I rozgląda się dookoła
Gdzie jest piękna sołtysówna?
Nie ma kręci się nerwowo
O na przedniej ławce siedzi
Pewnie czeka do spowiedzi.

Myśli chłopak skąd przyczyna

Jakie grzechy ma dziewczyna
Co wygląda na anioła
Muszę dziś pogadać z pastorem.

Klęknął Wicek na schodeczki
    Chuchnij Wicek pastor powiada
    Jak wyczuję że golnąłeś
    To przestanę cię spowiadać
    Nie wyczułem to masz szczęście
    Nie zapomnij o pokucie i ofierze
               Ty frajerze.

Pognał Wicek do sołtysa
I prosi o rękę panny
W międzyczasie łypie okiem
Sołtysówna wyszła z wanny
Aż mu się zrobiło słabo
Czy wytrzyma z taką babą?

Matka Klary się zgodziła
Sołtys chrząknął ruszył wąsem
Zawołali piękną Klarę
Panna wolno sunie pląsem
Bardzo mocno zawstydzona
Wicek mocno się zapatrzył
Ukląkł pannie się oświadczył.

Z pastorem wnet spisali dekret
Ale panna miała sekret
Nie przewidział tego Wicek
Miała tylko jeden cycek
Pierwszy cycek piękny buczny
A niestety drugi sztuczny.

I rozmawia Klara z Wickiem
Weźmiesz żonę z jednym cyckiem
Dobrze się zastanów Wicek
I pokazała mu cycek.

To nieważne odrzekł Wicek
Pocałował Klarę w cycek
I wesele się odbyło
Dużo gości zgromadziło.

Tańczy Klara z mężem Wickiem
Ze swoim i sztucznym cyckiem
Cieszy się Klara że Wicek
Też posiada jeden cycek
Trochę różny bo podłużny.

Dni poślubne miło lecą
Oczy się Wickowi święcą
To jest ważne pod spódnicą
I życzę miłego tygodnia
Ważne to jest co jest w spodniach.

Kotka Mordka

W małym mieście Czarnogóra
Spaceruje kotka która
Jest łaciata i kosmata
Cóż niestety piegowata.

Mordka ciągle taka smutna
Wstydzi się gdy mija miejskie płotki
Co niektórzy się zatrzymują
I na mordkę pokazują.

Stanisław Pysek Prusiński

Dziwią się i przebiśniegi
Skąd u kotki takie piegi
Ona milczy się nie odzywa
Pazurkami buzię zakrywa.

Czasem wbiega do piwnicy
I w lusterku piegi liczy
Dzisiaj naliczyła dwieście
Nie chcę więcej stop nareszcie!

Zastanawia się czasami
Kto mnie zechce ze piegami
Cała mordka pokropiona
I podobna do skorpiona.

Dziś napotkała Mordka ciotkę
Bardzo mądrą starą kotkę
Która kiedyś doradziła
Z astmy mamę wyleczyła.

    Poradź ciociu coś na piegi
    Bo się śmieją przebiśniegi
    Nawet myszy ze mnie drwiły
    Gdy mnie w lesie zobaczyły.

Mruczy ciotka po godzinie
    Tak muszę pomóc rodzinie
    Mam znajomą mądrą sowę
    Przeprowadzę z nią rozmowę.

Myśli sowa cztery noce
Owinięta ciepłym kocem
Stara sowa mądra była
I lekarstwo wymyśliła.

Rzekła sowa w samym końcem
    Mordce jest potrzebne słońce
    Gdy się tylko słońce zjawi
    Niech pyszczek na słońce wystawi.

Posłuchała ciotka sowy
I surowo przykazała
Żeby Mordka swoją buźkę
Miesiąc w słońcu opalała.

Minął lipiec piegi znikły
Wielka radość oczywista
Bużka Mordki znowu ładna
Taka błyszcząca i czysta.

Mordka robi dziwne pląsy
Aż jej w górę skaczą wąsy
Posłuchała mądrej sowy
Super i piegi ma z głowy.

Wąż kusiciel

Czy pierwszy był w raju wąż
Czy Adam Ewy mąż?
A z żebra Adama powstała Ewa
Stworzona dla męża
Więc dlaczego Ewa posłuchała
Węża a nie męża?

I nie było tak bardzo miło
Źle się skończyło
A gdyby było odwrotnie to po mojemu
Nie byłoby problemu.

Kto stworzył problem
Bóg mąż żona czy wąż?
Życie jest pełne zasadzek
Poruszam się serce mi bije
Na wietrze powietrze nie najlepsze
A wokół przyroda ludzie węże i żmije.

Żona za męża ma węża
Co kusi a powinno być odwrotnie
I mamy raj wiosna kwiecień maj
I wtedy wąż żonę kusi
Ona słucha się mamusi
I choć dobrze im się powodzi
Mąż odchodzi.

To mąż jest przez węża kuszony
I odchodzi od żony
Do kochanki przygodnej jędzy
Nie dla miłości może dla pieniędzy.

I odwrotnie żona zauroczona
Przez węża kuszona
Rzuca męża
Dla kochanka skorpiona.

Z tą różnicą że raju już nie ma
Została tylko ziemia czas i godziny
A na ziemi dwie rodziny
Dwa węże dwie żony dwa węże.

Pan Bóg wrócił
Ale ich nie wyrzucił
Bo zabrakło dni i skończyły się tygodnie

Tak zrobił bo było wygodnie.

A Bóg uniósł się honorem
I wrócił do swojego raju
Nie przeszkadza niech się kłócą
Może w końcu dogadają
Pozbędą się zawiści i złości
To dostąpią Boga miłości.

Wyrzucą złego węża
Miłość zwycięża
Mąż będzie dla żony
A żona dla męża.

Letni bałwanek

Kto wymyślił bałwana proszę pana
Wujek czy Ciocia z Arktyki
A może po prostu przypłynął
Z dalekiej Ameryki?

Co będzie kiedy się klimat ociepli
Gdzie się podzieje bałwanek
Choinki nie rozbłysną
Gdzie będzie Mikołaj Święty?

Kto będzie więc roznosił
Choinkowe prezenty
Bałwanek się rozzłościł
     Ja zaraz wam pokażę
Zrzucił kożuszek i szalik
I udał się na plażę
Że się nie boję słońca
To zaraz dam dowody

Rozejrzał się wokoło
I susa dał do wody.

Bałwanek wartko pływa
I bąble nosem puszcza
Ale nie zauważył
Jak szybko się rozpuszcza.

Z pomocą bałwankowi
Pobiegła mała Hanka
I wspólnie ze swoją mamą
Wyciągnęli bałwanka.

Rozpuścił się troszeczkę
Stracił nosek i pół nóżki
Ale odzyskał zdrowie
Schowany do lodówki.

I dobrze się skończyło
Cieszy się Hania i Janek
A w chłodni podskakuje
Wesoły śnieżny bałwanek.

Dyplom

Księżna Tereska z Princetonu
Posiada bardzo wiele dyplomów
Pewno nie zmieścił by ich na wagę
To szczera prawda i słowa prawe
Ciężko pracuje ma serce złote
Jest bardzo mądra zrównoważona
Wszystkim wiadomo bardzo uczona.

Zna się na wszystkim wszystko pamięta

Kto się gdzie urodził daty i święta
I nie narzeka choć coś tam boli
Spróbuj coś schrzanić to opindoli
Lepiej ustąpić i ręce złożyć
Gdy przyfasoli możesz nie przeżyć.

Dzisiaj w zameczku na Princetonie
Książę Stanisław ognie zapalił
Na wiwat swojej żony uczonej
Cztery armatnie salwy odpalił.

Witał jak księżną żonę i mamę
Więc pobiegł szybko otworzył bramę
Przywitał panią złożył ukłony
Wziął dyplom w ręce zadowolony
Wieczorem cicho teraz dom pusty
Każdy z rodziny poszedł na stronę
A na zameczku wśród drzew liściastych
Stanley podziwia przepiękną żonę.

Chodźcie ludziska popatrzcie z bliska
Księżna Tereska swój dyplom ściska
Oblany złotem spryskany potem
Zrobiła bardzo dobrą robotę.

A na dyplomie literki duże
Calutkie złote czerwone róże
       Thanks moja księżno jesteś wspaniała
Księżna wzruszona aż się rozpłakała
Z wielkim polotem odwagą potem
Zrobiła extra fajną robotę.

Na dole dyplomu same pochwały
Moc gratulacji wielka zasługa

To pozostanie w naszej pamięci
Jak Ameryka szeroka długa.

Wielka jej mądrość z twarzy wytryska
Proszę najlepiej popatrzcie z bliska
Książę Stanisław dziś nie przemówił
Zobaczył dyplom aż zaniemówił.

Thanks moja pani żono kochana
Ten piękny dyplom w ramki oprawię
I nie zapomnę jak do tej pory
Będę oddawał księżnej honory
Pysek zakończył właśnie pisanie
Biegnie dla księżnej zrobić śniadanie.

Niegrzeczny Rysio

Rysio był chłopcem bardzo niegrzecznym
W szkole rozrabiał dostawał dwóje
Czasem pociągnął za warkocz Lidkę
Raz nawet wujka ugryzł za łydkę.

Martwi się mama ciocia i tata
Co z tym dzieciakiem często się dzieje
Czas by się zmienił w końcu poprawił
Nie załamują się mają nadzieję.

Rysio się nawet taty nie słucha
Wczoraj w pokoju ogień rozpalił
Ale skończyło się całkiem dobrze
Tylko czuprynę z przodu osmalił.

Dzisiaj podglądał pannę Agatę
Pobił się z Hani przyrodnim bratem

Biega po domu dokucza wyje
Co z nim się dzieje co się w tym kryje?

Pewnego ranka Rysia coś zmienia
Wszyscy wokoło pełni zdziwienia
Mamie z wrażenia zamknęło mowę
Tata wysypał mąkę na głowę
A siostra Lidka tylko westchnęła
I do pokoju szybko się zamknęła.

Brat przez godzinę nie wychodził spod kołdry
Coś nie pasuje Rysio jest dobry
To niebywałe co tu się stało?
Mama zwołała rodzinę całą.

O Matko Boska wzdychała babka
Posłano nawet po dziadka Radka
Wujek przyleci dopiero potem
Bo z Ameryki i samolotem
Co więc Rysiowi się przydarzyło
W całym się domu cicho zrobiło.

Wszyscy przy stole babcia i dziadek
Mama i tata i wujek Władek
Tata spokojnie rzecze do syna
    Kocha cię Rysiu cała rodzina
    Ja mama siostra brat babcia dziadek
    I uważamy że to przypadek
    Nigdy dzieciaku ciebie nie biłem
    Chociaż mnie kiedyś ugryzłeś za ucho
    Może ktoś obcy skrzywdził cię dziecko
    Może to nawet robota UFO.

    A może trzeba wezwać policję

Stanisław Pysek Prusiński

    Powiedz coś dziecko miej ty ambicję
    Ja ci naprawdę nic nie zrobiłem
Rysiu się rozdarł
    W majtki zrobiłem.

    Gdy wczoraj wieczór byłem na dachu
    Kopnąłem piłkę w pewnym rozmachu
    I taki wyskok na jednej nodze
    Że popuściłem niechcący w drodze.

    A gdy naprawdę z dachu spadałem
    To całkowicie się zafajdałem
    Przebacz mi tato dziadku i mamo
    Tak do północy kucłem za bramą
    Trochę bolało bardzo śmierdziało
    I wszystko w środku się umazało.

    Bardzo się wstydzę tego występku
    Żółte jest wszędzie nawet na pępku
    I duże plamy żółte na kołdrze
    Oj czy to dobrze oj czy to dobrze.

Cała rodzina nagle zamarła
Pierwsza mamusia buzię otwarła
Babcia zemdlała prawie umarła
Dziadek z krzesełka na ziemię zleciał
Wujek po leki szybko poleciał
Piesek też poczuł migiem przyleciał.

Później się wszyscy nagle ocknęli
I co się stało już dowiedzieli
Wspólnie ochoczo wzięli się w kupę
I komisyjnie umyli pupę.

Mama wyprała plamy z tej kołdry
Od dzisiaj Rysio jest bardzo dobry.

Kolumb odkrywca

Sprawa jest prosta Kolumb nie frajer
Gość ten miał niezły doprawdy bajer
I cała prawda z tego wynika
Krzysio przypłynął jest Ameryka.

Gdy okręt przybył na ląd bezludny
Był bardzo dziki dziwny i złudny
Wnet się skrzyknęli te skurczybyki
I dzikie plemia wszyscy Indianie
I Kolumbowi spuścili lanie.

Więc się Krzysiunio ukrył do lochu
Przeczekał burzę pojadł po trochu
Wtedy tubylcom polał gorzały
I sukces cały.

A proszę państwa co tam się działo
Wszędzie w szałasach wódą śmierdziało
Alkohol w głowach piekło rozpętał
Oni zasnęli to i popętał.

Nic nie pomogły im własne tryki
Zaczęli zatem smażyć indyki
Jedli i pili i nieźle było
Ale się w końcu dobre skończyło.

Wyrżnął Kolumbus niejedną wiochę
Nie zdołał mieczem dokończył prochem
Gdyby nie żarcie i te indyki

Nigdy nie było by Ameryki.

Wiwat kolonie i Ameryka
Trzeba więc pojeść dogoń indyka
I zakrop wódką listopadową
Lecz nie przesadzaj i rób to z głową
Bo gdy za dużo to ci odbiję
Umiarkowanie więc dawaj w szyję
Indyk na grillu na ogniu ruszcie
Kielichy w górę serca otwórzcie
Więc zaczynajmy prawdziwą ucztę.

Za Amerykę za wszystkie Stany
Do emigrantów tyś przypisany
Głowa do góry niechaj nam styka
Niech żyje indyk i Ameryka.

Nie obżeraj się

Nie obżeraj się bardzo
Gdyś rozumny
Bo to jest jeden grzech
Z tych siedmiu grzechów głównych.

Nie spożywaj tyle ziemniaków
Kiełbasy czy chałek
Nie bądź szympansem
Gdy brzuszysko ci wystaje
Masz mniejsze szanse
A ryzyko zawału
Zmniejsza się o połowę
Puknij się w głowę.

Jako przykład może posłużyć

Świnia z tłustą szyją
Gdy wcześniej się spasie
Szybciej ją zabiją.

A śwince co jest chuda
Żyć dłużej się uda
Jaką masz przyjemność napiętym brzuchu
I leżąc na plaży
W środku mleko się warzy.

Cicho jak makiem zasiał
Nagle grzmot przerywa ciszę
I może daje dwa znaki lub trzy razy
I dziwny zapach czuje
To nie buduje.

Nie trzeba powtarzać zwyczaj każe
Należy opuścić plażę
Ze spuszczoną głową i maską przeciwgazową
Opuszczasz krainę wydechu
W ogromnym pośpiechu.

Młoda spaśiona Lucyna
Ledwie się na nogach trzyma
Ale rozdęta na dwa metry
Brodawki obcisłe getry
Dostaje czkawki
Aż przestraszyła kawki.

Zastanów się i przemyśl
Szanuj zdrowie
Gdy ciało daje sygnały
Obżarstwo to problem niemały.

Przytul mnie

Przytul mnie do swojego łona
Ty przestrzeni co jak łąka zielona
Pod postacią pięknej dziewczyny
Z rozwianymi włosami
Rozogniona patrzysz wysoko w górę
I ramionami obejmujesz w miłosnym uścisku
Podejdź i bądź ze mną blisko.

Ześlij nowe marzenia
W obłoczku niebanalnym
Szerokim pobudzonym do szczerości
Wzbudzającym poczucie wartości.

I chęć nowego życia
Wydaje się że nie do zdobycia
Zrób to ze mną stwórz wiarę na miarę
Wesprzyj moją poszarpaną życiem duszę
Bo tu jest ciasno ja tu się duszę.

Połączmy marzenia i tęsknoty
W jedną wielką całość
Niech zniknie małość
Mierności tego świata.

Stwórzmy jedną galaktyczną muzykę
Niegasnącą niespotykaną przeplataną
Przerywaną miłym łoskotem
Wracającą zawsze z powrotem
Barwną i przeplecioną
Nowym świetlanym czasem
           Wygramy z czasem.

Karolcia

Panna Karolcia miała problemy
Wczoraj niechcący spadła ze sceny
Można ją poznać po pięknym śpiewie
Ale co śpiewa to sama nie wie.

Dziś na koncercie na cześć Badyla
Najpierw śpiewała panna Maryla
Wtedy Karolcia tak się wydarła
Cała publiczność nagle zamarła.

Co to za piosenka jak anioł pański
To brzmi jak burza jak koń trojański
A decybele idą do góry
Zaraz coś pęknie pokruszy mury.

Taki był podmuch zasłona pękła
Aż się ochrona bardzo przelękła
Karolcia śpiewa wybuchnie bomba
Aż organiście wypadła trąba.

Na słowo bomba strasznie się stało
Całą publiczność niemal wywiało
Nie jeden czapkę zgubił na głowie
Pędzi policja i pogotowie.

Ludzie rozbiegli się na wszystkie strony
Ktoś z wyższych pięter zgubił balony
Głową do dołu do góry leci
Straż po drabinach wynosi dzieci.

Karolcia z rampy spadła na taczkę
I zobaczyła przedziwną kaczkę

A w środku zegar i to tykanie
I zrozumiała co tu jest grane.

Szybko urwała przewód czerwony
Lecz ciągle tyka teraz zielony
W końcu ten czarny od zapalnika
Zegar zatrzymał się i już nie tyka.

I się udało i ta rozterka
Nasza Karolcia to bohaterka
Sam pan komendant wręczył smartfona
Karolcia bardzo zadowolona.

Karolcia śpiewa dzisiaj niedziela
Ale gdy kończy oczkami
Strzela z wielkiej miłości
                Do publiczności.

Posłano

Posłano po niewinnego
Na nogi założono mu powrozy
Ręce obleczono żelazem
Za drugim razem.

Targany strachem i bólem
Stanął przed grubym królem
Pocięty szorstkim biczem
Upadł przed tronem karła
Ale dusza otwarta nie umarła.

Król brzydki jak poczwara
Jego słowa puste brzmiały żałośnie
Z pogardą jak uderzenia młota.

Król odrzekł pustym i bezbarwnym głosem
Nie obchodzi mnie to że jesteś niewinny
Skazuję cię na śmierć mam prawo
Skazaniec uśmiechnął się w bólu
Potrząsnął głową i odrzekł półszeptem
To ty siebie skazujesz na śmierć
I po to tu jestem.

Moja głowa za chwilę
Od topora spadnie
Nie zapomnisz tej chwili
Gdy to samo cię dopadnie.

Bombelek

Jasio wrócił dziś ze szkoły
Ucieszony i wesoły
Tato mamo woła z progu
Piątka z matmy i polaka
Zdałem do następnej klasy
Możemy już jechać na wczasy.

Dobrze rzekła mama Jasia
Pojedziemy gdzieś nad wodę
Trzeba więc spakować rzeczy
Więc we wtorek albo w środę
Tatuś kupił ci w nagrodę
Maleńką zabawkę na wodę.

Tatuś pogmerał w biurku
Wyjął coś dziwnego z rurką
Co nie dzwoni i nie trąbi
To coś do puszczania bąbli.

To coś przypomina kształt fajki
I wypuszcza z siebie bańki
Wybiegł więc Jasiu znad rzeczki na śluzę
I wypuszcza bańki duże.

Małe dziwne kolorowe
Srebrzyste koślawe brązowe
Nagle co to z jego rurki
Wypłynęły dziwne chmurki.

Mała bańka szybko rośnie
Aż dosięgła wielkiej sosny
Taka piękna kolorowa
Jest wysmukła jak sukienka
A na końcu jakaś głowa.

To królewna myśli Janek
A na głowie ma śliczny wianek
To nie z bajki to prawdziwa
Ale jaka urodziwa.

Jakby tego było mało
Dziecku mowę odebrało
Rączką trzyma się za głowę
Nie może oderwać wzroku
I nie zrobił ani kroku.

Wtem odzywa się królewna
    Tyś ten Jasio jestem pewna
    To ja jestem ta królewna
    Uwolniłam się nad ranem
    Z tej rurki zaczarowanej.

Za pomocą twojej rurki
Wytworzyły się bąbelki
Utworzyły jeden bąbel
Kolorowy taki wielki
A na końcu ja królewna
Co do tego jestem pewna.

Klasnęła księżniczka w dłonie
Ukazały się dwie kurki
I ciągnąc wielki bąbel
Udali się daleko w chmurki.

I fruwali tak godzinami
Nad lasami i polami
Tak jak w książkowej bajce
Dzięki zaczarowanej fajce.

Jasio pożegnał księżniczkę
Bąbelek rozpłynął się w dali
I wszyscy są zdrowi i cali
A mama i tato i siostra
Na Jasia już w domu czekali.

Wykrywalność

Dziś nikogo już nie dziwi
Są porażki i zwycięstwa
Coraz większa wykrywalność
Jest i złodziej i przestępca
Ale zwykle od zarania
Spece do wykrywania przestępstw przecież.

Znacie państwo pana Bonda
Czarny krawat szybka Honda

Stanisław Pysek Prusiński

W trzy godziny wykrył zbója
Aresztował swego wuja
Bo ten zły był i szalony
I przystawiał się do jego żony.

A diamenty wykrył szybko
Nawet nie otwarłszy bramy
Bo je połknął szczupak w wodzie
I sukces kolejny mamy
Niezła sprawa wziął sąsiadce
I oddał baronowej matce.

Tajny agent z Czarnogóry
Ten to kruszył łokciem mury
Kiedyś tak to się zamachnął
Jednym łykiem litra machnął
A talary się znalazły
Do kieszeni same wlazły.

Agent Japan Yoko dziki
W Ameryce szukał Beja
W końcu go przyłapał w barze
Jak chciał wydymać złodzieja
Tak go długo mieczem rąbał
Pomyłkowo też odrąbał
Część drogiego swego ciała
A publika aż płakała
Tak to biedy pan napytał
Później bardzo krótko sikał.

A niezwykły agent Sasza
I jego kumpelka na rabotu
To zwinęli wszystkie złoto
Najpierw dobrze je schowali

I jeszcze dłużej szukali
Zagarnęli też nagrodę
I zniknęli gdzieś za wodę.

A zwyczajny agent German
Z bundestagu z drugiej ligi
Szukał czołgu T -104 i nie znalazł
Bo komuś za skórę zalazł
Na końcu guziczek go zdradził
I o północy się wysadził.

Lecz agent na to nie przystał
Bo wczesnym rankiem zmartwychwstał
Wstrzyknął szybko insulinę
Pożegnał austriacką rodzinę
I uciekł w niecałą godzinę
Na stepach Donbasu się pasie
A uderzy w swoim czasie.

Proszę państwa wywiad morski
Agent numer jeden Wolski
Strzelał tylko prosto w nosa
Raz wyciągnął świnię z prosa
I się sprawił należycie
Dopadł swoją żonę w życie
I jej spuścił ostre manto
Bo z sołtysem to i tamto
A to była sprawa przykra
I stracił tylko pół litra.

A Wyracha od Lizbony
Ten detektyw to szalony
Magister inżynier i docent
Wykrywalność na sto procent

Teścia naciągnął na straty
Ukradł własną żonę z chaty
I za okup kasy rurkę
Oddał staremu córkę.

Na piersi mu błyszczą ordery
Niepotrzebne mu papiery
W TVN-ie przyciągalność
I zwiększona oglądalność.

Policję to on okiwa
Tak się boją detektywa
Że o względy jego się biją
Jak wykrywa to się kryją.

Kiedyś dopadł zakonnicę
I jej zajrzał pod spódnicę
Nagle wykrył tam gromnicę
I powiększył swoje zasługi
Dwie godziny leżał jak długi.

We Wietnamie dopadł chłopa
Jak łopatą w ziemi kopał
I wsadzał do ziemi sadzonkę
Detektyw oberwał trzonkiem
I leżał cztery godziny
Z dala od żony i rodziny.

Detektyw na sukces nie czeka
A kiedy potrzeba ucieka
I nawet przemienia się w mafiozę
Wczoraj aresztował kozę
I kozła jej męża zbója
A dzisiaj to nawet słonia

I został zrobiony w konia.

Do góry panowie agenci
Zwyczajni szaleni nadęci
Pracujcie i wygrywajcie
Klientów w to nie wciągajcie.

Kapsuła czasu

Czas jest pojęciem nieokreślonym
Nie porównamy go do niczego
Czas stworzyliśmy sobie sami jednostkowo
I zbiorowo w naszych umysłach
On jest i istnieje i przemija zgodnie
Z czymś niezbadanym dotychczas.

Zegar który odmierza tę czynność nazwaną czasem
Jest tylko próbą zawładnięcia
      Przestrzennej niepoznanej normy
Czas ziemski przez nas samych
Uważanych za skończony jest prawdą.

Nasze istnienia przemijają
Czas pozostaje nieugięty niezmienialny
Niepowtarzalny.

Bieda

Bieda kontra bogactwo
Dwa skrajne obozy
Porównywalne powrozy
Jeden bardzo nadszarpnięty
Lecz solidny i prawdziwy
Drugi przetykany złotem

Odmienny kręty i chciwy.

Ubogi finansowo bogaty duchowo
Żyjący normalnie uczciwie i prosto
Jest bardzo szczęśliwy i tym co posiada
Podzieli się z bliźnim bo tak to wypada
O twarzy pogodnej
Oszustwem i kłamstwem się brzydzi.

Bywają przypadki jak różne są kwiatki
W tym samym ogrodzie ścierają się rosną
Te duże i pyszne to szybko więdnieją
Maleńkie zaś kwitną z ogromną nadzieją
Dziękując z pokorą za deszczyk i rosę
Zawsze uśmiechnięte ciekawe i proste.

Bogactwo przemija jak wszystko w przyrodzie
Finansem bogaty duchowo ułomny
Jak noc nieprzespana ze strachem się budzi
I strachem ogarnie że straci nie zyska
Być może co stracił wcale nie odzyska.

To życie codzienne bogactwo buduje
A zło następuje próbuje osłabić
Więc trzeba się starać
To wszystko niezwłocznie naprawić.

Dążenia

Spróbuj w lutym zbierać grzyby
Na pustym basenie łowić ryby
Czy rowerem mknąć w kosmosie
Margarynę upiec w sosie.

Gdy jesteśmy przy marzeniach
Dalekiej przeszłości wspomnieniach
I płyniemy z biegiem czasu
Nie martwmy się o coś zawczasu.

Że zawiodłeś może żonę
Może pomyliłeś stronę
Można przecież to odwrócić
Zapomnieć i znowu wrócić.

Co kiedyś nastąpi a co już było
Coś się może nie spełniło
Do czego dążyłeś i może się nie udało
Nic takiego się nie stało
Czy dobrze czy może czasem źle się dzieje
Trzeba być dobrej myśli i mieć nadzieję.

Marzenia nic nie kosztują
Tego się można nauczyć
Najlepiej jest marzyć na stojąco
Bo leżąc się można utuczyć.

Podskoki w Ameryce

Skończyły już się wakacje
Trzeba wracać już do szkoły
Wczesna jesień pierwszy wrzesień
Jasio bierze jabłko w kieszeń
I biegnie z plecaczkiem do szkoły.

Wszystkie dzieci siedzą w ławkach
Rozglądają się wokoło
Podziwiają kwiaty ścianę
Cała szkoła odświeżona

Stanisław Pysek Prusiński

Wszystko jest pomalowane.

Wchodzi pani dzieci wita
Podziwiając ich kreację
Bardzo dzisiaj jest ciekawa
Jak dzieci spędziły wakacje.

Pierwsza głos zajmuje Krysia
    Proszę pani właśnie dzisiaj
    Prosto z kolejowej stacji
    Wróciliśmy z mamą i tatą
    Nad morzem spędzałam lato.

    Było fajnie i morowo
    Głośno miło kolorowo
    Wystraszyłam się wiewiórki
    Aż spadłam z piaskowej górki.

Madzia była z wujkiem w górach
Wysoko w błękitnych chmurach
Ewa z mamą na Mazurach
Kasia u cioci w Krynicy
Tylko Jasio nic nie mówi
Patrzy w górę i milczy.

    Pani pyta Jasiu powiedz
    Powiedz dziecko gdzie ty byłeś
    Może w domu gdzieś nad rzeką
    Czy fajnie wakacje spędziłeś.

    Proszę pani teraz powiem
    Bo się cieszę i nie wstydzę
    Bo ja byłem na wakacjach
    Daleko aż w Ameryce.

Mieszkaliśmy na lotnisku
Samoloty były blisko
Wieczorem paliliśmy ognisko
Na karuzelę też było blisko
A na lody prawie co dnia
Jeździliśmy do Radomia.

Fajne wczasy duże morze
Woda była aż gorąca
Wujek raz ustrzelił w lesie
Nawet dużego zająca
Piłem codziennie kozie mleko
Z mleczarni tej niedaleko.

Pani aż oczy przymyka
Jakaś inna Ameryka
I rzekła z powagą całą
    Jasiu coś ci się pokićkało
    Polska leży w Europie
    Pomyśl zatem drogi chłopcze
    Ameryka leży na drugiej półkuli
    Za oceanem i bardzo daleko.

Cała klasa w śmiech uderza
Jaś zaczerwienił się usiadł z wolna
Teraz zrozumiał że był w Ameryce
Ale w tej koło Radomia.

Marzeniu się spełniają

Skąd się biorą marzenia?
Gdy marzysz to coś się zmienia
Czy aby warto marzyć?

Stanisław Pysek Prusiński

To co się może zdarzyć
Dzisiaj jutro czy pojutrze
Marzenia o pięknym domu
O spełnionej miłości i złotym futrze?

Marzeń nie zdołasz policzyć na palcach
W muzycznych strofach
Przepięknych dźwięcznych walcach
Urywanych dźwiękach rozklekotanej gitary
Dźwięk płaczliwy cienki lecz pełen wiary.

Marzenia deszczu lejącego z nieba
Na zeschłą od żaru spaloną ziemię
Z marzeniami żyć jest łatwiej
I bardziej przyjemniej.

Marzenie na pewno się spełni
A radość serce zapełni
I miłość w sercu zagości
Podziękuj jak możesz najprościej
I poproś o nowe marzenia
O nowe wartości i cnoty
Tak ważne dla istnień przymioty.

Pamiętaj o innych potrzebie
Nie zatrzymuj więc marzeń dla siebie
Lecz podziel się marzeniami
Niechaj się wszystkie rozrosną
Z kwiatami i słońcem i wiosną.

Jak w sercu wymarzonej dziewczyny
Matki z tej właśnie przyczyny
Rozbłysną na nowo nadzieje
Napełniając nasze istnienie.

Wykapany ojciec

Miał być koniem został osłem
A następnie nawet posłem
Z posła znowu awansował
Ale tego nie darował
Został nawet listonoszem
Zrobił karierę i proszę.

A czyja tu może być wina
Że z ojca przechodzi na syna
Odróżnij lamparta od hieny
Na syna przechodzą więc geny.

Ojciec Frycka Tadek Mycka
Miał być pastorem
Ale myśli miewał łyse
Buchnął kasę z bankomatu
I w końcu został sołtysem.

Gdy naczelnik się dowiedział
Że Tadek już w pudle siedział
Wydał takie złe świadectwo
Że Tadek utracił sołectwo.

Hanka żałowała Tadka
Romans niepotrzebna wpadka
Tadzio possał trochę cycka
Urodziła syna Frycka.

Frycek miał postawę śliczną
Skończył szkołę polityczną
Został wkrótce nawet posłem

Ale zabalował z osłem.

Z urzędu wylali posła
Ale nie znaleźli osła
Frycek zrobił niezłą kasę
Pobudował dom pod lasem.

Kiedy został listonoszem
Zyskał nawet na wartości
Był ciekawy co się mieści
W każdej paczce zawartości
Nosił listy forsę karty
Mimo że zarabiał nieźle
To był ciągle nienażarty.

Szybko na nim się poznano
Z pocztowej pracy wylano
Teraz płacze w świńskim kojcu
To wszystko co otrzymał po ojcu
W końcu można sprawy dociec
Wykapany tak jak ojciec.

Kość niezgody

Niezgodność to źle jest
To może być złość
Lecz skąd się wzięła kość
Co za dużo to dość.

A zgoda obowiązuje wszędzie
W parku kościele na urzędzie
Jest zgoda dobrze będzie.

Ale niezgoda też jest ważna

Sytuacja tak poważna
Można się nie zgodzić
Zagrozić zabronić przeszkodzić.

Zgodny to nie znaczy ważny
Modny czy wygodny
Z czymś bardzo się zgadzasz
Mylisz się może przesadzasz
I niezgodę zaprowadzasz.

Zgodny z niezgodnym prawem
Popsułeś zabawę bawiłeś się w wojnę
Zniszczone miejsca spokojne
Zrujnowany świat niezgoda zapanowała
A zgoda się nie udała.

Ubrany modnie z kolczykiem
W uchu w bezruchu
Przewieziony czarną furą
Zgodnie z procedurą
Ze śpiewającym pastorem na przodzie
Pójdziesz zgodnie z boskim prawem
Niebawem ku górze
W anielskim chórze.

Marzenia Zuzi

Chciałabym się zamienić
W długą i wąską rzeczkę
Proszę tylko tak o troszeczkę
Namalowaną zwykłą niebieską kredką
Z torebką na muszelki
I zielone krzaczki i pływające
Złote kaczki w lustrzanej wodzie

We wieczornym chłodzie
Spacerować w blasku
Wschodzącego słońca
Rzeczki bez początku i końca.

Pysznię się ja kreskowa rzeczka
Aż serce roście
Na moim starym lichym moście
Za różową słoneczną firanką
Całuje się para kochanków
Ściskając się miłośnie za ręce
Dopowiem więcej.

Ja niebieska rzeczka
Jak wijąca steczka
Patrzę i podziwiam płynące
Brunatne chmury kładące
Cienie na wody szklanej strumienie.

Tak bardzo cieszę się
Z odbitych blaskiem cieni
I bystrych krętych strumieni
Szeleszczących u brzegu lilii wodnych
Szerokich liści bujnych urodnych.

I nastał dzień
Przeminął sen
Zniknęła rzeczka i mała kręta steczka
Zuzia spogląda radośnie
Ku nadchodzącej wiośnie.

Wymarłe miasto
Tak na pozór tętniące życiem

Wielkie budowle przedmioty ludzie
Z lotu ptaka jak mrowisko
Nietypowe widowisko.

Powietrze wisi w miejscu pozbawione ikry
Widok szary przygnębiający przykry
Pozbawione możliwości miłości
Zwyczajnej codzienności.

Uśmiechy tanie zaprogramowane
Określone uczucia na wspak
Nowe komputerowe widowisko
Zakryło wszystko.

Nieznane wzloty i porywy
Nakazy zakazy
Cywilizacja sztuczna bezduszna
Prawa równe rodzaj nijaki
Wszystko gdzieś żywe przepadło.

Krajobraz jak po remoncie
W znaczeniu linii określonych działania
Sztucznych ludzików jak budzików
Nakręcanych zaprogramowanych
Na jeden ruch
Zaciśnięte metalowe kleszcze
Dopowiedz co jeszcze?

Hymn życia

Nie zapominajmy że otrzymaliśmy życie w darze
Istniejemy oddychamy powietrzem
Podziwiamy wyniosłe w ogrodzie czerwone róże
Bawimy się w zoo z dorosłym szympansem

Stanisław Pysek Prusiński

Dostaliśmy ogromne szanse.

Budzisz się wczesnym świtem
Nie leń się uprawiaj gimnastykę
Zjedz płatki albo kanapki
Nie zapominaj włożyć na głowę czapki
Może nie ujść ci na sucho
I zimą odmrozisz ucho.

Używając wody
Będziesz zawsze młoda i młody
Zadbaj o swoje zdrowie i rodziny
Dziewczę nie maluj buziaka
Przez cztery pełne godziny
Ewo nie słuchaj węża.

W prawo w lewo i do przodu
Używaj życia za młodu
Bo się nawet nie spodziewasz
Wnet się szybko zestarzejesz.

Może nawet kiedyś sił zabraknąć
Na duże kłopoty się natknąć
Emerycie i rencisto
Dobrowolnie bez przymusu
Strzel kieliszek spirytusu.

Więc do góry młodzi starcy
Sił do życia musi starczyć
Cieszmy się co mamy dzisiaj
W domu w szkole na urzędzie
A jutro jakoś to będzie.

Bez znaczenia

Jakie jest znaczenie
Że jestem ja ty i oni
Bez sensu szukać czegoś
Co się nigdy pewnie się nie zdarzy
Czy warto chociażby o tym marzyć?

Przeminęło to wczoraj
Czego tak naprawdę nie było
Wczoraj nie byłem
Dzisiaj już jestem z samym ranem
Gdzie więc to będzie zapisane?

Do bajecznej książki
Czy zwykłej powieści
To czego nie było
To się nie zmieści.

Poplątane zbiegi okoliczności
Zbędne pytania zadawane
Tylko komu i dlaczego nic nie istnieje
A to wygląda a jak się dzieje
To jest potworem jak przejrzyste powietrze
I wagon w nieistniejącym metrze.

Przekonać się do wiary
W to czego nie doznałeś
Zbyteczne bo jesteś już stary
Jak ścięte zboże a po nim rżysko
I ziemia która rodzi plony
I cztery świata strony
Ziemi też nie ma
Ona istnieje w naszej wyobraźni

W myślach i zwyczajnym
Istnieniu pomijalnym.

Media

W dzień powszedni i we święta
Kto uwierzy i pamięta
Co w eterze głoszą media
Brzmi czasami jak herezja.

Przekłamania i donosy
I przypuszczeń całe stosy
Słuchając łysieje głowa
Aż wkurzają się niebiosy
W lipcu spadł śnieg w Zakopanem
Nad ziemią balon z uranem
W Meksyku wielkie tornada
Prezydent do siebie gada.

Pomylono słonia z koniem
Teściowa nawiała balonem
W gminie znów zwinęli pole
Podeptali wolą wolę.

Wyszła sprawa nieciekawa
Ze stadionu znikła trawa
Właśnie dzisiaj i nad ranem
Gdzie samolot wyląduje
Całe pole zaorane?

Świat medialny kolorowy
Przyprawia o zawrót głowy
Wiadomości i przekazy
Powtarzane wiele razy.

Mało prawdy dużo kłamstwa
Domysłowego zaprzaństwa
Przekręcane za pieniądze
Z łamaniem prawa się wiąże
Kto przy korycie jest ma rację
Tworzy własną demokrację.

Reszta na końcu

Iść ku przyszłości i słońcu
Najlepiej zawsze na końcu
Bo koniec nie ma początku
A tydzień się kończy na piątku.

Łysemu przyśniły się włosy
Tak czarne i gęste kręcone
Więc szybko poderwał się na nogi
I obudził zaspaną żonę.

Kto zgadnie co potem się działo?
Łysemu się tak oberwało
Na tydzień zamknęło mu mowę
Do dziś wiedzie życie polowe.

A bogacz miał sen taki długi
Przez nockę oddawał długi
Sen się kończy
On się dalej czegoś boi
Bo nie wie kto za tym stoi
Początek czy koniec brachu
Obudził się i po strachu.

A komornik to służbowo

Stanisław Pysek Prusiński

Pomyliwszy z babą żabę
Zamiast babę aresztować
Rekwiruje właśnie żabę.

Baba znad stawu nawiała
Lecz żaba wkurzona została
A na końcu coś o słońcu
I o ziemi aż się ściemni.

Wiersze nowsze

Spis treści

Lenistwo	5
Przykład lenistwa	5
Zebra i febra	6
O mały włos	7
Szkoła życia	8
Uczucie	10
Tęsknota Pyska do Tereski	12
Moje Ja	14
Joanna i fortepian	16
Tereska i fotel	17
Chudy i gruby	19
Mąż żona córka i kot	22
Specjalnie dla Cioci Zosi	24
List do Kefira	26
Romanse	27
Tunezja	29
Co dalej	30
Dla Pana Generała Mieczysława Konopko	31
Wymigać	33
Pożyteczna harmonia	34
Problem o coś to	35
Sumienie	38
Wandale	39
Zakochanie	40
Spodziewanie	43
Nie uciekaj	44
Polityczna maszyna	46
Złoty pociąg	49
Maszynka do pieniędzy	52
Złodziej i ciasne buty	55
Lalka Ludmiła	57
Cukier	60
Myszka i kotek	62
Do końca nie wiadomo	65
Ząbek	66
Anioł Stróż i Zuzia	69

Wiersze nowsze

Świnka	71
Razem	73
Nos	73
Okropny pomysł	75
Królowa Izabella	77
Kiełbasa	78
Renek i Zuzia	80
Wyssane z palca	84
Zabłąkany osiołek	85
Wszystko się może zdarzyć	87
Zło czai się	89
Nasz świat	90
Dziewczyna i ocean	91
Ogień	93
Podpadziocha Wacek	94
Więzień z przypadku	97
Orędzie	98
Żyrafa i słoń	99
Młoda i hrabia	101
Dorobić się	102
Ubóstwo i dobrobyt.	104
Tereska z Mocarzy i Zenek z Burzyna	105
Plama	106
Nasza ziemia	108
Dzienne sprawy	108
Wyrobnicy z ulicy	110
Głupota	112
Ślub	115
Bal	118
Oddychać ale czym	119
Poker	121
Przestrzeń	123
Kozak równy gość	124
Nie bój się	127
Koralowa dama	129
Kariera Pani Wiesi	130
Oszczędzaj siły	133
Bezrobocie	134

Oczy widzą	135
Decyzje	138
Dawno temu	139
Welon i sukienka	141
Wady	143
Piłka nożna	145
Bawi mnie to	146
Ela	148
Dwa zakręty	151
Świat idealny	153
Los i Loska	155
O jedną duszę za mało	158
Mucha i pszczoła	160
Wszystko przez włosek	162
Mimo to	163
Fantazja	164
Nie leć na mnie	167
Halloween	169
Ku pokrzepieniu	170
Zakochanie	171
Kiełek	173
Podsłuchy	174
Skleroza	178
Fabryka dymu	180
Wyspa bezludna	182
Nasza pielęgniarka	185
Przekręt	186
Nie miej mi za złe	187
Śmiać się	188
Dzień lenistwa	190
Zyta	191
Serce	193
Dziwny baton	195
Przypadek misia	198
Pocałunek	198
Co zrobić?	199
Cóż począć?	200
Stasio wojownik	201

Wiersze nowsze

Dla Roberta i Agaty	203
Sam w pociągu	205
Zaczarowane drzewo	207
Nie cofaj się	208
On jeden na wyspie	209
Granice	209
Czas się zatrzymał	210
Mogę wyjść z siebie	211
Aniołek	211
Bądź ze mną	213
Zgroza	214
Zegar nasz	215
Poprawiony dziadek	216
Liść na wietrze	218
Coś o gumie	218
Postulaty rolnika	220
Kolorowe myśli	223
Chcę do Afryki	224
Protest w zoo	226
Rozwód Leona	229
Sprawa konia	230
Słoń i mrówki	232
A kiedy indyka zabraknie	234
Meta	235
Ostrzeżenie	236
Globus i podróże	237
Nostradamus	238
Z motyką na słońce	241
Notatki wariata	243
Spełnione marzenia	244
Niezapomniane chwile w Mercer County	245
Nietypowa kraina	246
Materializm	248
Pan prezes	249
Wypadek Hrabiego 1714 r	252
Sąd	253
Król lew i brzydkie małpy	256
Za piętnaście szósta	259

Niepewność autora	260
Ból	262
Gwałtu rety	263
Proszę	268
Zrobić w konia	269
Milena	271
Kropidło	272
Rondelek	274
Czas kalendarza	276
Odchudzanie	277
Pokorne pióro	279
Teatr współczesny	280
Wicek i panna Klara	284
Kotka Mordka	287
Wąż kusiciel	289
Letni bałwanek	291
Dyplom	292
Niegrzeczny Rysio	294
Kolumb odkrywca	297
Nie obżeraj się	298
Przytul mnie	300
Karolcia	301
Posłano	302
Bombelek	303
Wykrywalność	305
Kapsuła czasu	309
Bieda	309
Dążenia	310
Podskoki w Ameryce	311
Marzeniu się spełniają	313
Wykapany ojciec	315
Kość niezgody	316
Marzenia Zuzi	317
Wymarłe miasto	318
Hymn życia	319
Bez znaczenia	321
Media	322
Reszta na końcu	323

Wiersze nowsze

www.ingramcontent.com/pod-product-compliance
Lightning Source LLC
Chambersburg PA
CBHW071952070526
44583CB00015B/1163